華嚴經梵行品新講

《增訂版》

夢參老和尚

目錄

深山中的一盞明燈

夢參老和尚生於西元一九一五年，中國黑龍江省開通縣人。年少輕狂，個性機靈、特立獨行，年僅十三歲便踏入社會，加入東北講武堂軍校，自此展開浪漫又傳奇的修行生涯。

隨著九一八事變，東北講武堂退至北京，講武堂併入黃埔軍校第八期，但他未去學校，轉而出家。

他之所以發心出家是因為曾在作夢中夢見自己墜入大海，有一位老太太以小船救離困境。這位老太太向他指示兩條路，其中一條路是前往一棟宮殿般的地方，說這是他一生的歸宿。醒後，經過詢問，夢中的宮殿境界就是上房山的下院，遂於一九三一年，前往北京近郊上房山兜率寺，依止修林和尚出家；惟修林和尚的小廟位於海淀藥王廟，就在藥王廟剃度落髮，法名為「覺醒」。但是他認為自己沒有覺也沒有醒，再加上是作夢的因緣出家，便給自己取名為「夢參」。

當時年僅十六歲的夢參法師，得知北京拈花寺將舉辦三壇大戒，遂前往依止全朗和尚受具足戒。受戒後，又因作夢因緣，催促他南下九華山朝山，正適逢六十年舉行一次的開啓地藏菩薩肉身塔法會，當時並不為意，此次的參訪地藏菩薩肉身，卻為他日後平反出獄，全面弘揚《地藏三經》法門，種下深遠的因緣。

在九華山這段期間，他看到慈舟老法師在鼓山開辦法界學苑的招生簡章，遂於一九三二年到鼓山湧泉寺，入法界學苑，依止慈舟老法師學習《華嚴經》與戒律。

鼓山學習《華嚴經》的期間，在慈舟老法師的親自指點下，日夜禮拜〈普賢行願品〉，開啓宿世學習經論的智慧；又在慈老的教導下，年僅二十歲便以代座講課的機緣，逐步成長為獨當一面，口若懸河，暢演《彌陀經》等大小經論的法師。

法界學苑是由虛雲老和尚創辦的，經歷五年時間停辦。學習《華嚴經》圓滿之後，夢參法師又轉往青島湛山寺，向倓虛老法師學習天臺四教。

在青島湛山寺期間，他擔任湛山寺書記，經常銜命負責涉外事務。曾赴廈門迎請弘一老法師赴湛山，講述「隨機羯磨」，並做弘老的外護侍者，護持弘老生活起居半年。弘一老法師除親贈手書的〈淨行品〉，並囑托他弘揚《地藏三經》。

當時中國內憂外患日益加劇，日本關東軍逐步佔領華北地區，在北京期間，以善巧方便智慧，掩護許多國共兩黨的抗日份子幸免於難。一九四〇年，終因遭人檢舉被日軍追捕，遂喬裝雍和宮喇嘛的侍者身份離開北京，轉往上海、香港；並獲得香港方養秋居士的鼎力資助，順利經由印度，前往西藏色拉寺依止夏巴仁波切，學習黃教菩提道修法次第。

在西藏拉薩修學五年，藏傳法名為「滾卻圖登」；由於當時西藏政局產生重大變化，排除漢人、漢僧風潮日起，遂前往青海、西康等地遊歷。一九四九年底，在夏巴仁波切與夢境的催促下離開藏區。

此時中國內戰結束，國民黨退守台灣，中華人民共和國在北京宣布成立。一九五〇年元月，正值青壯年的夢參法師，在四川甘孜時因不願意放棄僧人身份，不願意進藏參與工作，雖經過二年學習依舊不願意還俗，遂被捕入獄；又因在獄中宣傳佛法，被以反革命之名判刑十五年、勞動改造十八年，自此「夢參」的名字隱退了，被獄中各種的代號所替換。

他雖然入獄三十三年，卻也避開了三反五反、文革等動亂，並看盡真實的人性，將深奧佛法與具體的生活智慧結合起來；為日後出獄弘法，形成了一套獨具魅力的弘法語言與修行風格。

時年六十九歲，中央落實宗教政策，於一九八二年平反出獄，自四川返回北京落户，任教於北京中國佛學院；並以講師身份講述〈四分律〉，踏出重新弘法的第一步。夢老希望以未來三十三年的時間，補足這段失落的歲月。

因妙湛等舊友出任廈門南普陀寺方丈，遂於一九八四年受邀恢復閩南佛學院，並擔任教務長一職。一方面培育新一代的僧人，一方面開講《華嚴經》，講至〈離世間品〉便因萬佛城宣化老和尚的邀請前往美國，中止了《華嚴經》的課程。

自此在美國、加拿大、紐西蘭、新加坡、香港、臺灣等地區弘法的夢老，開始弘揚世所罕聞的《地藏三經》：《占察善惡業報經》、《地藏經》、《地藏十輪經》與〈華嚴三品〉，終因契合時機，法緣日益鼎盛。

夢老在海外弘法十五年，廣開皈依、剃度因緣，滿各地三寶弟子的願心。夢老所剃度的弟子，遍及中國大陸、臺灣、香港、加拿大、美國等地區。他並承通願法師之遺願囑託，鼎力掖助她的弟子，興建女眾戒律道場；同時，順利恢復雁蕩山能仁寺。

年屆九十，也是落葉歸根的時候了，夢老在五臺山度過九十大壽，並勉力克服身心環境的障礙，在普壽寺開講《大方廣佛華嚴經》（八十華嚴），共五百餘座圓滿，了卻多年來的心願。這其間，又應各地皈依弟子之請求，陸續開講〈大乘起信論〉、《大乘大集地藏十輪經》、《法華經》、《楞嚴經》等大乘經論。

夢老在五台山靜修、說法開示，雖已百歲高齡，除耳疾等色身問題外，依舊聲如洪鐘，法音攝受人心；在這期間，除非身體違和等特殊情形，還是維持長久以來定時定量的個人日課，儼然成為深山中的一盞明燈，常時照耀加被幽冥眾生。

二〇一七年十一月二十七日（農曆丁酉年十月初十申時），圓寂於五台山真容寺，享年一〇三歲。十二月三日午時，在五台山碧山寺塔林化身窯荼毗。

夢參老和尚出家八十七載，一本雲遊僧道風，隨緣度眾，無任何傳法舉措，未興建個人專屬道場。曾親筆書寫「童貞入道、白首窮經」八字，為一生的求法修行，作了平凡的註腳。

二〇一七年冬　方廣編輯部修訂

梵行品新講

二〇〇四・五台山

梵行品新講

夢參老和尚講述
方廣編輯部彙編

【來意 釋名 宗趣】

我們前面講的是〈十住品〉，講如何證得十住，講如何修行來進入十住的位置，而且是一住一住的說。〈梵行品〉呢？是通說十住菩薩修行的方法。在〈十住品〉中，不論出家的、在家的，是通修的；在〈梵行品〉就不是了，〈梵行品〉專指出家人所修的清淨梵行。

因此，第一步你得出家，梵行才能清淨，你的行爲才能清淨。前面的〈十住品〉，是隨你所修的事相而有差別，那都是緣，「會緣入實」，緣歸於實。怎麼入住的？這就要講入住之因，入住之因有自行、他行這兩種清淨的行爲，那就叫清淨的梵行。

在品會的次第上，雖然〈十住品〉在前，但是只要講到「行」，就是〈梵行品〉在前。若是說修行，是清淨梵行的意思，也叫「行（ㄒㄧㄥˊ xíng）」；若是說法門，那叫「梵行（ㄏㄥˋ hèng）」，是指行門的涵義，兩者有所不同。

前面的〈十住品〉是入了住，入了位了，那是怎麼來的呢？如何入的位呢？也就是入住之因，這就要修持兩種清淨梵行。前面的〈十住品〉是一位一位的講，〈梵行品〉就不是了。在《華嚴經》裡頭，〈梵行品〉的量最少，意義最深；這品的意思說到了空了，到了絕相了，言說不多，略示而已。

前面的〈十住品〉，從初住開始就成佛了，一住一住，位位都成佛。這是怎麼修的呢？不由他悟，也不由他教，自悟成佛。他的觀、思惟修，跟他的行為成了一個了，也就是一切法，「即心自性」。一切法就是自己的心，每位都是這樣。「成就慧身，不由他悟」，自己成就了，不是由他人開悟的。

現在這一品叫〈梵行品〉，梵是印度的原話，簡略說叫「勃嚂摩」，中文就翻爲「淨」，清淨的淨。在雜染當中，達到清淨了，所以叫「梵」。

梵就是行，眞實的境界，無境界的境界。我們的智慧跟我們的行爲是一個了，以智慧來指導你的行爲；你的行爲都是智慧，這叫梵行。依著這種道理，解釋〈梵行品〉，跟《大般涅槃經》的〈聖行品〉是相通的。《涅槃經》講聖行、梵行、天行、嬰兒行、病行，這裡是總說，就叫梵行。

依著梵行，第一個是隨相，隨一切相而離相。隨什麼相呢？隨著一切世間諸法之相，隨相者就是無相，〈梵行品〉就是要達到無相。

隨相是什麼意思？像我們染衣出家、乞食，這都是隨相的意思。但是隨相的時候、修的時候，不要生起任何執著。談到戒律，在你修的時候無所著，在你修持戒律法門，學戒相的時候，先懂得戒相如虛空。戒相如虛空就是離相，不要著相；隨相而無所著，隨相而離相，懂得了一切諸相，像空一樣的。

這也得依緣，一種是有緣，一種是無緣；一種是生緣，一種是法緣。現在是緣起法，緣起無緣，我們所要講的一切戒相，有生緣有法緣，現在講的是緣即無緣，緣沒有緣。

我們前面講，十住菩薩大悲心很切了，而不捨離眾生。知一切法的空義而隨緣，就是性空緣起；但是隨緣而不執著，不執著就是性空義。因此才能入到住位不退，初發心時就成正覺，一發菩提心了，成就信心了，就成佛了。

無緣義在〈梵行品〉上講，是知道一切境界相，如幻如夢。至於觀察眾生而不捨離眾生，這是有緣義。隨緣的時候，是有分別的，這要依照你的智慧。緣有大有小，有遠有近，知道這些境界如夢幻泡影，都是虛幻不實的，這又是無緣義。

無緣義，就是無分別的智慧；有緣，就是有分別的智慧。慧有兩種，同時達到分別就是無分別，無分別而隨緣，就起了分別。在有相當中，觀察諸法無相，了知諸法平等。

「離念契玄」，離開你的思惟、念頭，這是玄義，又叫密義。我們講一部經的義理，這個義理跟凡夫也是一樣的；不起分別心，知道是平等平等。因爲這樣才能究竟入到大乘義，也就是華嚴義。這兩個不是兩個，是一；一即非一，就是二。要是只說緣，那就是一，有緣無緣，就是二。

梵行是純粹指實教說的，沒有權，沒有善巧方便，完全就實義說。這個梵行的行，一行就具足一切佛法了，這是華嚴的〈梵行品〉。

當你念經文的時候，〈梵行品〉不用五分鐘就可以念完，可是講起來，應該要兩個月吧！要是展開來講，就沒完沒了；收攝來講，一念不生，什麼都沒有，說一句話就之後，乃至一句話都不說，之後就沒有了。

有一次佛陞座的時候，佛沒有說法，就把花拿起來，佛這麼一拈花，迦葉尊者微笑，佛就不說了；一言沒發，下座了，這就是清淨的梵行。

又有一次佛陞座的時候，文殊師利菩薩當維那師，只唱一個偈頌，佛就下座了，一句話也沒說。「法筵龍象眾，當觀第一義，諦觀法王法，法王法如是。」佛就下座了，法王法就是這樣；心行處滅，言語道斷，沒有言說的。可是，那樣的境界，無法接引一般眾生，所以才又立了各種經論。

〈梵行品〉跟〈淨行品〉是不同的。這個「梵」也當「淨」講，不過〈梵行品〉並不是〈淨行品〉，兩者不同的；〈淨行品〉是有作，〈梵行品〉是無作。〈淨行品〉，一舉一動都要依著文殊菩薩教授去做，身口意三行，心裡要觀，口裡也要念，身體還要去做。有時候是大悲跟大智，又修事，又修理，事理雙修；又修觀又說行，觀行雙運，達到成佛。

至於〈梵行品〉這品，我們要解釋解釋爲什麼叫〈梵行品〉？爲什麼〈十住品〉之後，接著就說〈梵行品〉？這是什麼意思？這是告訴你十住是如何修成的，那是修梵行而成的，以清淨的梵行利益眾生。

修行一切法的目的是化度眾生，本來是沒有行可得，也沒有梵可說，也沒有什麼是淨，也沒有什麼是不淨；可是爲什麼必須如是說？爲了接引衆生。

〈梵行品〉中，問的人是正念天子，在家居士問出家人的事。修清淨梵行是出家人才能修的，他要想達到清淨梵行，正念天子得出家，他不出家，是達不到的。

什麼叫正念呢？正念天子的名字是以德稱的，不是像我們起個名字就算了。正念是什麼念？無念，無念而念才稱正念。隨做任何事情，無念，這是正念。

有念，有著，有縛，有罣礙；無念了，沒著，沒念，沒罣礙，什麼都沒罣礙。但是念即無念，行念的時候達到無念，以無念爲主，以這個來利益衆生，這叫什麼行爲呢？第一義天，自在行。

這一品的法會之主，是法慧菩薩。能說的人叫「法慧」，問的人叫「正念」，「正念」是無念之念；「法慧」又怎麼解釋呢？隨你做任何事，無念，這叫法；以法簡別，不是情，是法。懂得這個義理了，就叫智慧的慧。要是一動了情感，超了理了，理性就失掉了，要單用理性，情亡了，這才叫法慧。這個名詞的義理，前面雖然講了很多，可是一個名詞的義理，無窮無盡的。能問的人是正念天子，說法的人是法慧菩薩，這也是〈淨行品〉。

清淨梵行的〈淨行品〉，跟前面文殊師利菩薩說的〈淨行品〉不一樣。這是名住，十住成佛的，一入十住位就能成佛了，這叫住佛。這僅僅是所入之門而已，從那個門進入，究竟成佛了。

前面講〈淨行品〉，到了究竟，就無行了；無行才清淨，有行都不清淨。要從有行，達到無行，所以這一品叫〈梵行品〉，不叫〈淨行品〉。

「無住之住」，所以叫佛住。「無行之行」，就是利益無眾生的眾生，這兩句話大家多思惟思惟，這是究竟的了義。這叫清淨的梵行。大家以這個意思來學〈梵行品〉，不要執著。要多參，多觀。參者就是思惟修，也就是觀義了，大家要根據這個意思去想。

對於這品經，大家要這樣看，是無住之住的，是佛住的，佛住即無住。以清淨的梵行利益眾生，利益無眾生的眾生。如果你不從這裡進入，後面的華嚴義，是很深的，就沒辦法進入，這僅僅是開始。這才是住位的菩薩，住位的菩薩修行、發心、成就，等到了行、向、地，到十地、十忍、十通，你更沒辦法進入了。以這個觀念多去思惟，才能進入華嚴境界；如果不建立這麼樣一個智慧心去觀照，你誦《華嚴經》，只是誦文字而已。

以下講〈梵行品〉的經文，這品的文字很少。剛才跟大家說，念誦的時候，三、四分鐘就可以念完。但是要把它開闊解釋起來，眞正進入，可就不是這麼回事，那就難了。

【釋文】

◎正念天子問

爾時正念天子。白法慧菩薩言。佛子。一切世界諸菩薩眾依如來教染衣出家。云何而得梵行清淨。從菩薩位逮於無上菩提之道。

法慧菩薩現在是會主，正念天子向法慧菩薩說，一切菩薩依著如來的教導，染衣出家，怎麼樣才能夠梵行清淨？出了家了，先講戒，如何能使他戒行清淨，不犯戒？依如來教，直至成就無上大菩提。

先知道天是什麼義？天者，有幾種解釋，在〈梵行品〉講，就叫淨，天者就是淨；天者自然義，自然的清淨。正念天子所問的，是事是理，是染相，是淨相。他問的意思是染相絕對沒有了，「染相絕故」，梵天就是清淨。這就說明一個問題，念和無念，作和無作，行和無行。正念之念就是無念之念，就叫正念。

答者是法慧菩薩。我們前面所講的第五住，方便善巧，用巧慧，巧慧是從智慧開出來的方便慧。依著梵天修的清淨行，這清淨行在《華嚴經》

上講，有兩種義：四禪八定，也就是八禪。大梵天的淨天，哪個淨天呢？把它用到梵天，形容著第一義，就是剛才跟大家念的，文殊菩薩唱的「當觀第一義」，第一義天，梵行就成就了。

出家染衣之後，如何達到梵行清淨？這是正念天子所問的境界。正念天子的答，那就多了。要想清淨，行清淨行，他的因是清淨的因，沒有因怎麼能成果？因因而成果，這個果怎麼成的？觀，是觀成就的。自己的心清淨，離念清淨，離相清淨。出家染衣必須得戒律清淨，什麼樣子才算戒律清淨？過午不食了，過午沒吃飯，這就清淨了嗎？不是的，這叫戒相。

要離開這些相，知道這些相是無相的。我是人，人得吃飯，得穿衣服；離開人相，還得離開他相。自人他人，乃至不是人，都得要吃，凡是眾生都得要吃。面對這個問題，大家看看法慧菩薩怎麼回答。

◎法慧菩薩答

法慧菩薩言。

有問必有答。

佛子。

法慧菩薩稱正念天子，能在這個法會上問這個問題，他的智慧跟法慧菩薩也同等了。一唱一答，大家唱答度眾生，沒有問，法怎麼生起？每個法會都有人請，無請不說，沒人請不會說的。

菩薩摩訶薩修梵行時。應以十法而爲所緣。作意觀察。

「作意」就是觀照，觀照以智慧觀察；觀察就是研究，推究十法。「正念」是「無念」，法慧就在這個正念，怎麼達到正念？是因爲無念，無念達到正念。

出家了，如何能成就清淨梵行？那就研究一下，因著這個問題來答覆。得依著十種觀察，念即無念，住亦無住，十住都是住亦無住；無念無住，還要依著十種境界相，這叫緣。

要顯示性空，必須依著緣起，沒有緣起怎麼能性空？要想成就性空，也要緣起，從緣起達到性空，因爲性空才能成就緣起。

所謂身。身業。語。語業。意。意業。佛。法。僧。戒。應如是觀。爲身是梵行耶。乃至戒是梵行耶。

十個，圓滿數。如是觀，一個一個觀吧！

「爲身是梵行耶，乃至戒是梵行耶。」有身才能持戒，沒身，佛給他說戒幹什麼？持戒是爲了什麼？戒行清淨，戒是要達到梵行清淨。如果你有個持戒的心，有這個念，如果再有那些戒條，那還能清淨嗎？那本身就是不清淨了。如何能合乎梵行的體呢？梵行的體是什麼？法身，法身清淨。爲什麼會不清淨呢？身口意造業就不清淨了，那就違背佛法僧三寶，違背戒。

這十個並不是在文字上講，而是我們每個人的身口意。身是體，身所做的事就叫業用。語是體，語業就是用。意是體，意業就是用。一個變成兩個，就是六個。身口意的三業，加上它的業用就是六個了。六個再加上佛法僧戒四個，十圓滿。

那麼，身口意所行的，就是你所依止處，是一切業性的因。要想成就清淨行，還要假佛法僧三寶作助緣。佛法僧三寶所行的就是戒，戒就是體，就是行的體，所以佛法僧戒，要緣念這十種法，所緣的境，就是這十種法。

觀察什麼呢？對境觀心，對著境界相，觀照自己的心。問的是染衣出家了，受了淨行了，學戒就是受淨行了。怎麼樣觀呢？答的時候，就依著這十種觀。你要是不觀察，跟權乘菩薩，跟小乘羅漢，不就是一樣了嗎？

一切戒都是因緣而起的，沒有因緣，佛不制戒的。如果起心，要起個念頭去持戒，就叫迷，這叫顚倒。

那要怎麼觀呢？問題就在這兒，假一切爲緣，顯這些事情沒有自性，觀不是觀他的相，而是觀自性；相盡了，理就現了。我們是相不盡，因爲梵行生不起來，境界不現。

觀是思惟，把思惟當成尋伺。觀這十法，分成十段，在這十段裡頭，若染若淨，染不是淨，淨絕不是染；犯戒絕不是持戒，持戒也絕不是犯戒；犯戒就是染，持戒就是淨。犯戒跟持戒這兩者是相互違背的。

這個地方講犯戒、持戒，都是法的自體。沒有犯戒、持戒，如果還有個犯戒持戒，說持戒清淨了，犯戒不清淨了，不合乎清淨梵行。你要是不細細的觀察，這個道理就會混淆顚倒了，弄不清楚了。

只要說身，身本身就通善與不善，他所作的業也是。業有善業有惡業，善業是順理的，持戒的；惡業是不順理的，破戒的，非理的。梵行是善性，違戒是惡性，兩個相違的，於理不順，這兩法是不相同的。

若身是梵行者。當知梵行。則爲非善。則爲非法。則爲渾濁。則爲臭惡。則爲不淨。則爲可厭。則爲違逆。則爲雜染。則爲死屍。則爲蟲聚。

身體究竟是梵行，還是非梵行？在身體上找梵行，什麼是梵行？在他的運動當中什麼是梵行？在他的行爲當中，什麼是梵行？什麼不是梵行？這體究竟是善是惡？有個決定義嗎？你必須得吃飯、穿衣服，你的生活要以衣食住行來資助；那就這個身體的自相是善是惡？是清淨？是染汙？實際上這個身體，不論種子、住處都是不淨的，是可厭惡的。怎麼樣把他變成清淨？他是作業所依，作業都是身體做，口裡做，意做。你要仔細觀察，就說我們這肉體，是有知？是無知？他死不死？他清淨不清淨？每個人都觀察觀察自己的身體，清淨不清淨？佛教導我們，有八萬戶的蟲子在我們身體聚集。換句話說，我們身體住了八萬家的蟲子。

講到這段經文的時候，我考慮了很久，要不要講？講講還是有好處的，不過大家聽著可別生起煩惱！不講呢？大家迷迷糊糊就這樣過吧！爲什麼我這樣說呢？佛在世的時候演說華嚴，可是華嚴這箇法不在世間，《華嚴經》不在世間；佛不是在菩提場演嗎？是，但是佛在菩提場演的時候，一位世間人也沒有。那些大阿羅漢，舍利弗、目犍連，佛跟前的弟子一個都沒有，他們根本不知道演華嚴這回事。大家看看，從開始演的時候，來的聽眾都是什麼樣的人？演《華嚴經》的時候，都是什麼樣的人？哪有人間？哪有凡夫？

之後，佛再說法的時候，講不淨觀，講這個身的時候，也就是人間相、世間相。每個人身上有八萬戶蟲子，九億隻蟲子，這個肉體把它分析開來，是大蟲聚，整個是蟲子。這個身是善不善？本身善不善？色受想行識，這叫五蘊成身。

行蘊，廣說就有這麼多，這都是不合理的，理上沒有。順著教義理而生心，這個心是指善說的。身體本身不善不惡，作善事是善，作不善的就是惡，你說這個身體是善是惡呢？它的體是無記性的。

〈大智度論〉講，有五種不淨。相不清淨，種子不淨，就是指我們身體的種子，都是父母所生的。父精母血，業因識種，以成身分。這是說我們這個身體是父精母血，再加上你的業識。

在《楞嚴經》上，阿難尊者問佛：「佛！您這個身體，是怎麼形成的呢？」佛也是父精母血所生。他是佛的堂弟，他的父親跟佛的父親，淨飯王跟白飯王是弟兄。為什麼問這麼個問題？他說：「我看你的身體跟我的身體好像一樣的，沒什麼差別，為什麼你是佛？我是眾生？」涵義是這樣，我也是父精母血，你也是父精母血，為什麼你成就那麼樣的一個身體，而我卻成就這樣一個身體。

其實，在那個時代，阿難雖然沒有三十二相，也是非常英俊漂亮了。

他就說一個偈頌，「我心裡常時想，赤白二滴，父的精是白，母的精是紅，赤白二滴，云何能生妙明紫金光聚？」我只舉這麼一句，這裡不是講《楞嚴經》，而是證實種子是不清淨的，都是父精母血所成的，另外再加個識，沒有識是不成的了，加上一個識，來成就我們這個身分。

怎麼成的呢？住處不淨，當時住在母胎之中，住在生藏之下，熟藏之上。當母親吃的飲食在生藏等到發酵了，到了熟藏裡頭去了，我們住在這麼個地方，自體不淨。佛說有三十六物成就我們這個肉體。爪生髮長，脈轉筋搖，這是說指甲長，頭髮再生，身上的筋脈在搖動，都是這些來成就的。

自體就是不淨的。三十六物，就是身體的三十六個零件。現在不是造機器人嗎？他能造眼睛，也能造耳朵，這中間的識怎麼造？造不出來。

自體本來不淨，三十六物所成的，自相不淨，外相也不淨。外相所表現出來的是什麼呢？九孔常流不淨。兩個眼睛，兩個鼻孔，大小便溺，一個嘴巴，兩個耳朵；這九個孔，九個洞，九孔常流不淨。外相不淨，眼睛要長眼屎，鼻子要出鼻涕，嘴巴要吐痰了。比如說他是清淨的，誰吐的啖，誰也不肯再把它吃回來。它不淨了。大小便溺，可以排泄，但是你要他喝自己的尿，吃自己的糞，他幹嗎？往外排可以，往回再收，不幹了。

所以佛說，自體不淨，這個大家都懂得了。這一個身體，畢竟不淨，要是氣絕以後，死了。天氣炎熱的時候，只要半天的時間身體就膨脹了，就餿了。包括他自己的子女，都不會去了，所以究竟不淨。

〈大智度論〉有個偈子，「是身種不淨，非餘妙寶物，不由白淨生，但從穢道出。」「是身爲臭穢，不從華間出，亦不從薝蔔，猶不出寶山。」「地水火風質，能變成不淨，傾海洗此身，不能令香潔。」用大海水洗，怎麼洗也洗不乾淨的，沒有乾淨的。「常流出不止，如漏囊盛物」，這個皮袋囊是漏的，每天九個孔都往外漏，漏出來都是不淨。「諦審觀此身」，說好好審察，觀你這個身體，「必歸於死處」，一定要滅亡、消失的。

佛在世的時候，比丘都修不淨觀，他觀一觀，非常厭惡他的這個身體，就自殺了。比丘都自殺，還得了！佛就制戒了，不許自殺，自殺要下地獄的。不自殺，他思想煩惱的很，怎麼辦呢？請外道來殺他。內道，誰也不肯殺人，就請外道殺，外道怎麼肯幹呢？說我給你財物，把我所有的都給你，你把我殺死。後來佛也制戒了，不許可外道殺。

這是修不淨觀，沒有修成就會出現的障礙！怎麼會沒有修成就？觀身不淨，他好像是成就了，可是他一直嘔吐，不能吃。

還有，在拉薩，特別是在「加兒滾卻」，「加兒滾卻」是一個學道的處所，可以到那個地方去閉關。比丘修不淨觀，死也死不成，活也活不了，心裡煩惱大了。就修什麼呢？白骨微塵觀。在西藏，每個人都有這麼一張照片，就是骨架子。後來，好多比丘修成功了，那骨頭站起來走動，就把他嚇死了。

修不淨觀要是修成了，可以破除對身見的執著，不要貪愛，不要執著；要是道沒修成，修修的，或者精神錯亂了，或者看著生起恐怖感。

修不淨觀行，是破除你的顛倒見。顛倒見是什麼呢？每一個人自己的身體都是髒的，可是你到社會上問一問吧！都感覺自己很乾淨的，其實洗多少次澡都不行的。

這是佛經上說的，用大海水洗，你一直洗，怎麼洗也洗不乾淨。要是把皮膚洗壞了，裡頭流出來的更髒了，沒辦法乾淨的。這個法是佛剛成道的時候說的。那時魔王有三位美女，魔王就讓她們去破壞佛的戒行，她們就到佛跟前來供養。她們說，自己如何如何美，那時佛就說：「妳們自己觀一觀妳們的身體。」佛的身心寂然不動，等到給她們說法時，佛就用神通了，讓這位三魔女一觀，她那身體九孔常流，涕唾便溺，什麼都來了。好！她們不能魔佛了，自己吐了起來！她一觀，觀的受不了了，一直嘔吐，有的是從口而出，有的是從身上而出，都是蟲子。

剛才我念的那數字，就是佛告訴這三位魔女，說她們身上有八萬戶，有九億小蟲子在裡面遊戲，這是清涼國師從《觀佛三昧海經》這部經上摘下來的。

修梵行的，觀的是體，觀的是性，性能澄淨。一切聖賢是順法的這個體，體無雜染。這個體是什麼體呢？與智相應，跟智慧相應，爲善所集成的。爲善所集成的是什麼體？法性體，清淨無爲的梵行。離開上面所說的那些相，離開了八識心的性，得到眞如法性爲體。

讓你觀這十種法，哪個是梵行？

若身業是梵行者。梵行則是行住坐臥。左右顧視。屈伸俯仰。

身業，身所作的業，並不是什麼事業，而是你的行住坐臥，或者頭部左右迴旋。行住坐臥，屈伸俯仰，就像我們做各種姿式運動，這是身之作用，這叫身業。不是說你做士農工商，而是說你身體所要動作的，這個就是身業。

這是梵行嗎？包括你所得的神通，神通是妙用了，那是梵行嗎？諸大菩薩，諸阿羅漢都有神通妙用了，這個是梵行嗎？行住坐臥四威儀，左右顧視，屈伸俯仰，這是身所作業，這個是梵行嗎？

我們再講深入一點，持誦、禮拜乃至禪坐。一學打坐，你能坐著舒服，能修行就好了，什麼單盤膝、雙盤膝，這是梵行嗎？這都是形式。你說我們打坐時，非得腿子雙盤上，這個形相是善？是惡？單盤的，就是惡嗎？乃至不會盤腿子，他就這麼坐著，站著也入定。行住坐臥都入定，行般舟三昧的時候，他是站著，並沒有坐著，行住坐臥四威儀，究竟是善是惡？讓你自己來判斷。

若語是梵行者。梵行則是音聲風息。脣舌喉吻。吐納抑縱。高低清濁。

說話，語言，音聲、風息、唇舌、喉吻、吐納、抑縱。聲音高，聲音低，這是梵行嗎？佛這樣說了，我們才知道；沒有佛說，我們不懂這個。我們的語音是怎麼發出來的？風息，風出七處而發音，口中有風，人要說話的時候，口裡頭的風，到達肚臍眼裡頭，這時候肚臍眼響出來音，觸到七處才生出語言。

這個我們恐怕沒作過觀想。風叫「優陀那」，觸臍而上去，要想說話，那風觸到肚臍眼，肚臍眼往上走，這個風觸到了七處，之後經過牙床，經過牙齒，經過嘴唇；它上升的時候，還得經過咽喉，還得經過舌頭，那麼就發音了，得經過這麼七處才發出聲音。或者發脾氣，生氣了，也是這樣。觸動，唇舌齒牙喉，這樣才能出聲。

鼻子塞了，鼻子堵了，聲音也變小了；所以，還得加上妄想習氣來跟這個配合，才能發音。還要經過你心裡的動作，想說什麼，這只是說的語言。

說言語，梵行則是音聲風息。有風得有氣息，得有胸，還得有舌，還有喉，還有吻，還有吐納抑縱、高低清濁，才能發出音來。要不是佛經上這麼說，我們沒想過這些，沒作過這個觀，這是佛教導我們，從佛經上學到這麼個道理，這是語。

若語業是梵行者。梵行則是起居問訊。略說廣說。喻說直說。讚說毀說。安立說。隨俗說。顯了說。

語的業是什麼？起居、問訊、略說、廣說、喻說、直說、讚說、毀說、安立說、顯了說，這個是非善非惡。這都不是善，也不是惡。

若意是梵行者。梵行則應是覺。是觀。是分別。是種種分別。是憶念。是種種憶念。是思惟。是種種思惟。是幻術。是眠夢。

這個是覺，也就是尋求。覺就是找，或者別人說話，你想他說話的意思，那也叫尋伺。這是觀，你觀這些境界相，屬於善、屬於惡。但是，這個善惡可就假你的意念，假你的習氣，這是總說的三業。這三業就是你現在所有的作業，觀什麼呢？觀身、觀身業，觀語、觀語業，觀意、觀意業，總共有六個。

在你觀察之後，去找，就是尋伺；因爲觀的時候，有時想粗的，有時想細的，這都是不定的，這都不是善、惡。分別去找原因，隨念的計度，這些是有相的？還是無相的？是清淨的？還是染汙的？這叫隨念分別，有的是自性分別，有的是思量、尋伺，計度的分別。

你所緣的境，緣念的境界相上生起分別念頭，但是這都是屬於有相的分別。無相的分別，緣念過去，緣念夢境，那沒有相；隨你所緣，自然的生起分別，有的是有相的，有的是無相的。

或者自己尋伺，或者伺察，這是染汙的？這是清淨的？什麼叫染汙？什麼叫清淨？你得下了定義，之後去起分別。

憶念呢？就是追憶過去，回憶過去所做過的事，所做的境界相，那是沒有境界相的，只是你的憶念，憶念是沒相的。

思惟呢？這不是智慧，只是聰明；有的人因爲他的慧力輕，他辨別不出來，那就不是智慧，跟佛的智慧不一樣。

你的希望，你的理解，你的念，你的定，你的定慧，這都是屬於種種憶念。這裡頭有惡有善，有的是虛幻的，不是實在的事，都是自己心想，思、念都是相通的，意識所緣念的。

當我們睡覺的時候，會作夢。作夢通不通善惡呢？通。夢中作惡，夢中殺人，夢中打架，夢中罵人，夢中害別人，法律不能制裁，他只是作夢；但是你的善惡、善性、惡性、無記性，在三性裡頭就給你分別這些。善、惡、無記，這些都是屬於唯識裡面的，《華嚴經》不分別這些，只是這麼介紹而已。

讓你在這幾種當中觀察，觀察什麼呢？這十種當中，哪個是梵行？這只是說前面六個。佛法僧戒是淨業嗎？等講到佛法僧戒，你一觀察就知道了。身口意三業，這裡頭都有善有惡；讓你觀察這六種，前面身、身業，口，口業，之後講意和意業。前面講的是意，意就是意裡頭包含著觀察、尋思等等。

若意業是梵行者。當知梵行則是思。想。寒。熱。飢。渴。苦。樂。憂。喜。

意業呢？業就不同了，一說到意業，「當知梵行」，意業的梵行，意的作用，思、想，寒、熱，飢、渴，苦、樂，憂、喜，這是意業的十種，觀業的十種，這叫意的用。意的用就叫意業。想，想是想法，我們經常說想法，想跟思，爲什麼要把他分開？思是想辦法，想是回憶，這屬於觸受。接觸的事物，領受的，回憶來想。觀這個意業，意業就存在這麼個東西，也就是觀察的意思，這就是意的作用。

思，思是意的所有，就叫心所法。讀過〈大乘百法明門論〉的人都知道，心法八個，心所有法五十一個，色法十一個，不相應行法二十四個，無爲法六個，總共有百法。我們上面講的就是這一段。

意的心，意所起的作用，領受外邊的境界，在這個時候，有善有惡。你觀察這六業，再加上佛法僧戒，就觀察這十種，把這十種都想一想。想一想做什麼呢？哪是淨行？哪是不淨行？這十種究竟哪個是梵行？

前面經文上講，讓你觀察這十種，哪個屬於梵行？在這十種裡頭，我們說身口意三業，乃至身、身業、口、口業，他說語業，意、意業，這六個。是善？是惡？是梵行？不是梵行？

我們的答案呢？這六個都不是梵行。但是你口裡誦經的時候，是不是梵行？口裡讚歎三寶的時候，是不是梵行？念佛的時候是不是梵行？身，禮拜，在那裡靜坐、參禪乃至誦經，是不是梵行？佛法僧三寶戒是梵行不是梵行？

凡所有相，皆是虛妄。梵行是清淨者，我們在前面就把定義給說了，無相、無作、無願；〈十住品〉，無住，一切都無住，一切都不執著。不管善惡，都不執著。不但不住惡，善也不住，沒有善，只有一個有相的，善惡一落了相上，就叫境。

我們修淨行的，就要隨善轉，隨著佛法僧戒轉，這個是梵行吧？要是住在這個上頭，執著佛法僧戒，那跟貪瞋癡一樣的，有善有惡，有分別，這樣就有罣礙了；心有所著，有所住。這個道理，需要多辨別辨別。

〈梵行品〉的經文雖然少，但想入到清淨的梵行，我們還需要一段時間，多少時間？必需一萬大劫，才能具足那信心；一萬大劫才能發菩提心，發了菩提心就成佛了。一萬大劫時間也不長，十萬大劫就是現前一念，無量億劫就是現前一念，所以從正念天子的這個問答當中，就說明了這一品的定義。

什麼叫正念？無念。你念地獄是念，念佛是不是念？有念就不淨了，淨行就達到無念。無念才能契合你那個本有的一眞法界。

這個道理，我們再舉個例子來說明。大家都讀過《金剛經》，佛問須菩提，有阿耨多羅三藐三菩提可得嗎？須菩提說沒有，佛就說答對了，給他一百分。要是說有，有就不對了，佛沒有阿耨多羅三藐三菩提可得，有地獄嗎？只是說作那個業，那業沒有了，地獄也沒有了。「所作業不亡」，就住到業上了，如果你觀到無業可住，什麼業沒有，不住了，無住了，才能夠回歸你自己本來的面貌。

好多道友經常一開口，好像是懺悔，又好像表達自己業障很重，經常把業障很重，掛到口上，想到心上，作在身上。你天天如是作業。口裡說的：「我業障很重！」心裡想的：「我業障很重！」那就業障吧！

若你無念了，達到的是眞正的正念。法慧這些大菩薩的名字，都是依他的義理而定的。「法慧」，是了知一切諸法的自性，無性、無住、無作，那就究竟了。

〈梵行品〉的文字不多，主要是靠思惟、觀照。希望大家學《華嚴經》的時候，多用觀照。我們從有相達到無相，必須得有相、有聽聞，有聽聞才能明白義理；如果連聽聞都沒有，我們怎麼明白呢？要從無念達到正念，無念就是正念。

若佛是梵行者。爲色是佛耶。受是佛耶。想是佛耶。行是佛耶。識是佛耶。爲相是佛耶。好是佛耶。神通是佛耶。業行是佛耶。果報是佛耶。

在《心經》上講，「觀自在菩薩，行深般若波羅蜜多時，照見五蘊皆空」，一照見，五蘊都空了。現在我們在此處是分別來講，這叫「析空觀」。在《心經》上，照見五蘊皆空，那就是梵行，那叫「體空觀」，當體即空。現在這個是「析空觀」，就是分析的析，一個整體把它分析分析；一個一個的分析，至到無相、無作、無念，那就是清淨梵行。

如果沒有當體即空的觀力，要經過分析才能理解。當體即空，你看一切諸法，不假分析，不假修證，不假觀照，當體就是空。空，就是我們所修的定，止一切相，止一切言說，止一切形相。

「析空觀」，是把色受想行識五蘊，一個一個分析，一個一個認識。之後，再說佛的三十二相，八十種好，相是佛？好是佛？神通業行，佛度眾生的業行，成佛的果報，如果解釋的話，都不是佛。佛者，就是覺。梵行是不是覺？一切色法是不是覺？受想行識都如是，那是佛的神通妙用。佛利益眾生的事業，或者證得的果報，讓你認識哪個是佛？經上形容它是空的，這是問號。

觀佛的三身，這是五蘊所成就的身。還有佛的五分法身，戒、定、慧、解脫、解脫知見。這五分法身，哪個是佛？這些都不是。佛是五蘊和合而成的。我們人的肉體也是五蘊和合而有的，那就是一合相。

但是這種觀都不對，都不是。那要辨別什麼呢？辨別你當體即是。五蘊法，一一推求，色受想行識，哪個是佛？乃至戒定慧三學，持戒受戒的時候是佛？修定的時候是佛？慧學是佛？都不是。一一推求，一一分析，讓你進入禪定。禪是寂靜的意思，修定的時候，寂靜下來，心不向外求，直接觀心，心無諸法。

色受想行識，這些是諸法。我們經常說無漏的五蘊，有漏的五蘊也好，無漏的五蘊也好，凡所有相皆是虛妄，若見諸相非相，則見如來。

這段經文說的都是有相，有相不是如來，不是佛，要這樣觀，觀想。乃至佛經過三大阿僧祇劫所修行的一切法門，這些都是一一排遣的，都是屬於心、心所有。

因爲這都不是梵行。梵行離一切諸法，離一切諸法之相，凡所有念，皆是虛妄，何況相呢？於五蘊法這樣去分析，佛不是梵行。法是梵行嗎？先分析佛法僧三寶。

佛如是了，法呢？什麼是法？若法是梵行者，那就很多了。法無量法，都是指淨法說的，沒說染法，這個法是梵行，能這樣來定義嗎？

前面是觀佛，現在是觀法。總的說，先觀三寶。

若法是梵行者。爲寂滅是法耶。涅槃是法耶。不生是法耶。不起是法耶。不可說是法耶。無分別是法耶。無所行是法耶。不合集是法耶。不隨順是法耶。無所得是法耶。

這八種，要加以辨別，全部都不是。因爲〈梵行品〉是遣一切的，一切都不立。凡所有相，凡所有法，皆是虛妄，要這樣來推求法。

第一個法不是指世間相說的法，是指理法。理法是不可說的，但有言說，但有形相，都不是法。所以說法不是梵行。問的是，法是梵行耶？梵行建在什麼上頭？爲寂滅是法耶？涅槃是法耶？一有言說，涅槃是不生不滅的。寂滅還有什麼可說呢？不可說的。不生，不生說不上，不生本身就是沒有，沒有說什麼法。不生，不起，不可說，既然不可說了，還有什麼立法呢？

有分別不是法，無分別也不是法；所行不是法，無所行也不是法。合集不是法，不合集也不是法；隨順不是法，不隨順也不是法。無所得是法耶？根本就無所得，還說什麼法呢？

這都是遣除的意思。你要觀諸法不生不滅，乃至根本觀法的時候，法即是心，心是一切不立；一切不立，就是觀一切法，一切法都是不生不滅的，說這是遣除法。修淨行的，佛法僧三寶，都不立。不立，就是不把它執著爲本相，一說就落於言語，落於言語就表達形相，凡所有相皆是虛妄，無有言說，無有形相。梵行究竟是什麼呢？不可說。

爲什麼？他如果不是這樣修，就是住色生心，住聲香味觸法生心，它則是一切無住。不論淨法染法，一切無住；無住就無作，這叫什麼？無相法門。

這得從根本著手，也就是我們所講的妙明眞心，信自己的心是佛，與佛無二無別的，這就是信心。在修行過程中，你必須有佛法僧三寶作緣，這個時候是不講因緣的。離開佛法僧三寶，又去哪裡求梵行呢？這不是究竟，而是引發你達到究竟，在究竟上，才說一切諸法不立。

這是指心法說的。心法由什麼顯呢？那就假佛法僧三寶一切萬法來顯。信這個心，隨緣了，隨著淨的因緣，那就立佛法僧三寶；當你修禪定的時候，這些都不立。有這些，禪定就修不成了，心法就不能顯現了。現在我們的心，隨的是染緣，我們要破除染緣、一切染法；我們就說淨法，用淨法對治染法，染法沒有了，淨法也不立了。也就是心不起一念，不著一切相，不著一切境，唯心法門，所以這個就是觀佛，觀自己覺悟的心，我們覺悟的心也沒有什麼叫梵行，也沒有什麼叫做佛，也沒有什麼叫法。佛是對著眾生界說的。

當你推證的時候，如是觀。如果這些都合成起來才是佛，有三十二相，八十種好；佛又說法，又度眾生，那佛就不是一個，是和合而成的，凡是和合而成的東西，沒有自性。〈梵行品〉，如果從三觀來講，講的是中觀，中觀就是一切不立，離二邊，獨顯中道，這是究竟的心法。

觀佛法僧三寶，乃至觀佛的色相，這是五分法身。無漏戒體，這是依著小乘教義解的，《華嚴經》就沒有這個意思。這是用小乘來比喻修淨行。究竟了，達到無住了，無住就是梵行；淨行、梵行清淨了，才能住到無住；住即無住，這就與佛的法身、眾生心，加上我們學者的心，三心無差別。

信了這個心體，沒有佛，也沒有眾生，也沒有自己這個肉體，這樣才能修持清淨的梵行。這就是直觀般若，用般若來照。我們用《心經》來解釋就很好解釋，觀自在菩薩修觀的時候，一切無著，以般若智慧照見這五蘊，全是空的。佛的五蘊也好，眾生的五蘊也好，只是五蘊，都是空的。

色受想行識，佛是空的，眾生也是空的，一樣的。佛如是，法也如是。法是不是梵行？先把法的位置定了，什麼是法？寂滅是法嗎？涅槃呢？涅槃不是寂滅，涅槃是不生不滅的，這是理，純理性的。理、事，用這個事理來辨別的，是純理性的。

因此說，法若是梵行，寂滅是法不是法？涅槃是法不是法？不生是法不是法？不起是法不是法？不可說是法耶？無分別是法耶？無所行是法耶？不合集是法耶？不隨順是法耶？無所得是法耶？這些都不是法，離開這些，又去哪裡找教理行果的法呢？離二邊，這兩個就叫二邊，離二邊獨顯中道。

一是法？多是法？一也不是法，多也不是法。約圓融義來講，一切都是法。這裡面都顯示一個和合，一個不和合，這些和合了才是法，那就雜亂了。有爲是有爲，無爲是無爲，無爲跟有爲和合了，既不是有爲，也不是無爲。聖人跟凡夫都是一樣，那是約理上講，那是一心上講，在事上各各不一樣。

我們昨天也講這個問題，說人，這是總相；別相，人可就複雜了。總相是梵行，別相是梵行，偏於總，別又怎麼說；偏於別，總又怎麼說。總也不是，別也不是，總別和合都不是。要離開這些，那就是梵行。這是從開闊現相上講，但是對我們來說，越學越糊塗，要究竟了義才不糊塗，要怎麼樣呢？直觀心。

禪宗人，說教下人，入海算沙徒自困，去算吧！算海裡有多少沙子？你不是自己在找困擾嗎？那就像直觀心體，遣一切相，一切相都不立。直觀心體，頓超直入，立證菩提。

但是學教下就不行，特別是學華嚴，華嚴讓你把一切相，一切事物，一一的都分析清楚。分析清楚了，才達到毗盧遮那佛；毗盧遮那佛就是法性。我們跟佛無二無別的，我們先掌握住「總」，「總」是什麼呢？就是自己的心。自己這個心，迷了，迷了又來發菩提心。發菩提心，成就了究竟菩提果；等你成就的時候，才知道原來就如是。原來就如是說，我們這個心跟佛無二無別，你修也如是，不修也如是。

在迷的時候就不同了。如果你對任何事都有苦惱，有煩惱，那就不是了。你沒煩惱，當下即是，煩惱即菩提。菩提、煩惱是兩邊，都是不立的，也沒煩惱，也沒菩提，也沒什麼叫法，也沒什麼叫梵行。

修到住，我們又回到發菩提心，發了成就菩提果。這品講之後，空，空好像什麼都沒有。哎！下品接著就講發菩提心的功德，那就立了，這個是破；不破不立，破了之後，還要立，直至成佛。這品經文單從文字上沒有什麼可講的，因爲這是梵行，清淨行。這要達到什麼目的呢？達到菩提果，初發心時就成正覺，因爲什麼都不立才能成正覺，一立，就成不了了，立什麼著什麼，這就要修觀，觀要好好想！

二百五十戒，三百四十八戒，是防非止惡的，本來就不非，立這麼多，又止什麼呢？聖邊，凡邊，在聖人邊說，那都是相合的；在凡夫說，那就麻煩了，麻煩就越來越多。爲什麼要說八萬四千法門呢？連一法都不立，又說了八萬四千，多不多？其實豈止八萬四千，佛對什麼根機說什麼法，對每個人說的法不一樣的。我們沒有遇見佛，只好把佛的八萬四千法門都拿來說，看哪個對你的機，這個說的是華嚴機；《華嚴經》講的是華嚴機，這是說法，僧也如是。

若僧是梵行者。

這個僧，是指小乘說的。

爲預流向是僧耶。預流果是僧耶。一來向是僧耶。一來果是僧耶。不還向是僧耶。不還果是僧耶。阿羅漢向是僧耶。阿羅漢果是僧耶。三明是僧耶。六通是僧耶。

若戒是梵行者。爲壇場是戒耶。問清淨是戒耶。教威儀是戒耶。三說羯磨是戒耶。和尚是戒耶。阿闍黎是戒耶。剃髮是戒耶。著袈裟衣是戒耶。乞食是戒耶。正命是戒耶。

從凡夫地入了聖人，僧本來是和合義，僧人是不是梵行呢？凡夫當然不是了。證了果的聖人是不是？預流向是不是呢？四向四果，初果向，初果，二果向，二果，三果向，三果，四果向，四果是不是呢？

僧是和合義，梵行要是和合的，就不是梵行了。所以，這四向四果，全不是梵行。

〈梵行品〉是遣一切的，一法都不立的，這要怎麼解釋呢？在三界之中的眾生，在度他的過程當中，說這些法，讓他生起羨慕心。生起羨慕心，就是離開凡夫地，證到聖人果，這個聖人果是小乘的四向四果，八位聖人。向就是向果，你得斷三界的見惑十六心，你那個心就多了，一個一個斷吧。這是初步，從凡夫斷見惑，依小乘教義，知道苦，苦怎麼來的？集來的。知道苦，斷集的因，因斷了，果沒有了。

這是不是梵行？當然不是。佛不是，法不是，僧也不是，這是專指小乘說的，都是出家眾。菩薩不一定是出家眾，大家看菩薩都留著髮，穿著瓔珞，戴著珠寶，僧人就不行，要先把這個分清楚。光看僧，不是梵行；

有分別，有取捨，有對待，所以都說僧不是梵行，都是和合義。從僧的本身就不是梵行，和合的，在梵行中是沒有這些名詞的。

僧的體是什麼？和合的，沒有自體。這樣離人離法，人法雙離，就是一切都不立。那所受的戒呢？修梵行的，他的對象是十法，別把這個忘了，十法是：身、身業、口、口業、意、意業，加上佛、法、僧、戒。

這十法都是你觀的對境，用你這個心去照這個境，就叫觀。觀佛、觀法、觀僧，之後觀戒，這是聖法了。

前面觀身，觀身的業用；觀口，觀口的業用；觀意，觀意的業用，六個，加上佛、法、僧、戒，共十個，這是〈梵行品〉的修法過程。

觀戒是什麼呢？就是佛所制的，這還是在說法之內的，這叫戒法。本來在法裡，已經講了，單把這個戒法提出來，受戒是不是梵行？清淨戒，他追查什麼是清淨戒？什麼叫戒？登壇受戒，我們後面的壇場還在呢！說那個是不是戒？那是戒嗎？但是你登壇要受戒，要有個壇場，要有個處。

壇場是戒？不是的。持戒清淨了是戒嗎？老師教你威儀，威儀是戒嗎？三說羯磨法羯磨師，羯磨和尚給你說三時法，是不是戒？和尚是不是戒？阿闍黎是不是戒？一個一個發願是不是戒？乃至著袈裟衣是不是戒？持戒沒犯，沒犯就是沒犯，怎麼叫清淨戒？戒是眞梵行嗎？這全是問號。

托鉢乞食是不是戒？佛規定的，是戒。他所說這個戒的意思，觀戒的本體是什麼？你持戒的時候，有心？無心？起心動念持戒？還得假眾緣和合。有壇場，有戒師，有戒子，多緣方成，乃至於戒，每一個戒，怎麼樣達到清淨？怎麼樣是犯戒？

犯戒有六緣的，有五緣的，最多有十緣的。這個戒，得有十個緣，具足了，犯了究竟了，這個戒犯了，少一緣，沒犯，只犯前方便。這麼多法和合而成，哪個是戒？觀戒，戒有個戒體，體是什麼？戒體跟你的心體是不是一個？這是觀照的意思。

這裡頭大概說的是，戒性如空，戒的性體就是空，乃至於說到一切布施有福德；能施所施，能施的人，所施的人，還有所施的物，三輪體空。觀是這樣觀，究竟不可得。

一切持戒，無善，無威儀，爲什麼？戒性如虛空，持者爲迷倒。持便是迷了，顛倒了，本來什麼也沒有。這是說六度，施戒忍進禪。說到忍，什麼是瞋恚？什麼是忍辱？瞋恚是沒有的，當時一發作，找到瞋恚還有體？什麼是瞋恚的體？沒有體的，你找不到瞋恚的體。

什麼是忍？忍亦無所忍。這是說六度，不只是說戒，也說精進。精進是對懈怠說的，精進者，爲增上慢說的；無增上慢者，無善無精進。若能心不妄，精進無有涯，心沒有妄念了，心沒有妄想了，也說禪定。若學諸三昧，是動非坐禪，不是定，說這個三昧，那個三昧，都不是定。

但有言說，都無實義。「心隨境界流，云何名爲定」，這不叫定。「森羅及萬象，一法之所印」，就是心印。「云何一法中，而生種種見」，就是知，智慧，知見。「淺智之所聞，見一以爲一」，說一，以爲這就是一了，一不是一。「若有聞斯法，常修寂滅行」，聞了這些法了，修寂滅行。「知行亦寂滅」，行也是寂滅，「是則菩提道」。

清涼國師是這樣解釋這個觀戒的。那麼這十法都觀察了，在這裡頭找什麼呢？找什麼是梵行？我們自己觀自己的意，觀你心想的，你觀吧。

以意識觀意識，是不可能的，要用智慧來觀意識。觀意的業，就是我們的心念，也就是意識。再觀察你的口業，口是一個形相，一個器官，它的作用是什麼？說話。或者觀你的身體，身體的作用，行住坐臥，行走，身體的一些動態，身體的靜態，你在這十法裡找梵行，什麼是梵行？了不可得。這就是〈梵行品〉，你反覆如是觀，乃至依著佛所教授的法來觀。

你找得到嗎？它是眞空，說到眞空的一面，沒說妙有的一面。我們說佛法僧戒，乃至身口意，這都屬於妙有的一方面；在凡夫是實有，在諸佛菩薩則是證得性空了，是妙有。

性空，隨著緣起而生的諸法，這些諸法不是實有的。這樣來觀，觀什麼呢？觀〈梵行品〉，你所觀的這十個境界相，身口意，加上身口意的作用，以及佛法僧戒，總共十種。你要如實觀，稱著實相理即，前面看看諸佛怎麼行的，看看普賢菩薩入三昧怎麼入的？

法慧菩薩所答的十法，要從這裡來觀察，這叫如實觀。

如是觀已。於身無所取。於修無所著。於法無所住。過去已滅。未來未至。現在空寂。無作業者。無受報者。此世不移動。彼世不改變。

觀之後，你才知道梵行清淨之相是什麼。「如是觀已，於身無所取」，身上想取個什麼東西，沒有所取的。

「於修無所著」，你所修行的，千萬莫起執著，修的時候不要起執著。這個著是執著的著，心裡凡是起個念，說我要修行了，要是有這麼個念頭，之後，就這麼一句話，清淨性沒有了，要修行卻修不成，是這樣的意思。修的時候不要執著，任何都不要執著，一執著，就錯了。

任何法，「於法無所住」，不是無所住，你住不住，不可能住。無住才叫梵行，一住，不是清淨梵行了。爲什麼這樣說呢？「過去已滅」，過去就沒有了，滅了。未來，未來還未到，未來還沒來；那現在該現實吧，現實是空寂的。

「無作業者，無受報者，此世不移動，彼世不改變」，三輪體空，這叫清淨觀。

我們重新研究戒定慧，從頭說佛法僧三寶，還加上三寶所持的清淨戒，這都不是梵行，連佛法僧三寶戒都不是梵行，那究竟還有梵行嗎？要這樣來觀察三世，觀察一切諸法。知道念無所念，無念的念，才是正念，你起個念頭已經入了邪思了，不是正的，要達到無念的念，才是眞念。

你所修行的任何事，不起執著，不起知見，這叫正修。這樣理解了，再回頭觀梵行，這才叫梵行。所行的是無染的，這就叫什麼呢？觀心法，直接觀心，一切相不取。佛法僧三寶戒是淨，身口意的作用是染，染淨平等平等。觀佛、觀法、觀僧的時候，持戒的時候，是不是身口意的業用呢？當然是了。你以身口意的業用，觀佛法僧三寶的時候，我們叫清淨行了，能修成了。可是學〈梵行品〉的時候，這就不對了，入不了梵行，不是清淨行。

修清淨行必須證到什麼呢？無心道人。做就是沒做，以沒做來觀心，就是做了。心隨一切法，成就一切緣。

我們說《華嚴經》是圓教，如果在圓裡頭，找哪個是頭？在什麼地方起頭？圓的，你怎麼找得到嗎？無頭無尾，你找不到。圓的，要找個頭，從哪個地方起始？哪個地方結束了？沒有，這叫圓教。

能達到這種境界，唯佛與佛乃能究盡。因爲這樣，才能達到初發心時便成正覺。剛一發菩提心，一法界就能示現成佛，示現度眾生，示現菩薩。我們才知道初發菩提心，能夠示現成佛，就因爲這個道理才能成就清淨的梵行。

我們要是起執著心，那跟佛距離太遠了，三大阿僧祇劫還沒修呢！怎麼成佛？只有《華嚴經》這樣講，其他的經並沒有這樣講。

你必須根據最初開始所說的信心，信這個心，跟佛無二無別；所以一發心了，一成就了，信心圓滿了就能作佛。正因為無二無別，你才能成就，不然你發心了，怎麼能示現成佛。這個是講前面的，看著是講〈梵行品〉，實際上是講十住菩薩，初發心住。

講完〈梵行品〉，好像什麼都沒有證得了，空了。因為你還沒有完全契證這個心。拿我們來說，不講你還明白，一講反倒糊塗了。我受了戒對不對？我信了佛對不對？信了佛法僧三寶了，這個信心對不對？

我告訴你，成就這個信心的時候，讓你達到另一種高深的境界，不起執著；之所以說空，是怕你又執著回去了，那就住不成了。

講空之前，先講有。〈淨行品〉裡，文殊菩薩教我們，吃飯穿衣，無論一切動作，都要發願，發成佛的願。這是發願，相信了，把這心修成了，信心即是佛，這一個信心，一發心就成佛了，信心就成佛了。你這個心成佛的時候，正因爲你把所有都空掉，空了之後才能建立，不空建立不起來。空了之後，什麼都不執著，全部放下。

觀自在菩薩修觀的時候，看破、放下、自在，照見五蘊皆空。用深般若波羅蜜，色不異空，空不異色，那這些又都有了；空就是色，色就是空，這個時候還沒有講到那麼深。

這只是讓你先空掉。空的是什麼呢？空的是你的知見。知見怎麼空呢？什麼也不起執著，什麼也不貪戀。爲了怕你落到斷滅，下一品，就講發菩提心的功德，看看發心的功德有好大，這又回到有上，因爲功德都是有的。

爲什麼這樣反覆說？這是什麼意思？目的只有一個，讓我們放下。凡有言語，凡有形相，凡是有思惟的，你都沒放下。我們經常說，因爲在社會上煩惱，出家了，遁入空門。你在空門外面，不知道空門是怎麼回事，一進到空門裡頭，還是不空。

明白嗎？不空，你的頭髮是剃了，但是你不能把腦殼也割掉，你只能剃個頭髮，你的腦殼還在呢！腦殼在，頭髮還要長，所以你半月剃一回，不剃它又長出來了；斷煩惱，煩惱還會生的，我說這個是比方。出了家，還生什麼煩惱？每位道友們觀照觀照，我不知道你們如何，我的煩惱還很多。

學佛法，講佛法，這中間都是覺悟的方法，因爲我們還沒有覺悟。我講課有煩惱，你們聽課有煩惱，都在煩惱當中。說的是誰的呢？說的是佛的，大菩薩的，是人家的，不是自己的。自己是什麼？自己具足跟佛無二無別，能說而不能行，不能行而不能證，不能證你沒有得到，不能證你得到了嗎？得不到。

這叫什麼呢？這叫熏習修。我在講〈大乘起信論〉的時候，跟大家講了很多次，天天這麼熏，能把它熏到沒有了，也就是我剛才說的遁入空門。

不空，不空就是有了，有什麼呢？這個有跟空門外頭的有不一樣了，有功德，沒有業報。但是〈梵行品〉不行，只要有就不行。業報要空，功德也要空。有時候說功德什麼也沒有，有時候佛又說有，爲什麼？這就靠我們去參了。當佛遺有的時候，我們又執著空了，一執著空是斷滅空。斷滅空，不行，功德都沒有了，那又回來說功德；說完功德，又沒有了，又空了，那已經不是原來的這個空了。

到了十地菩薩所說的那個空，跟〈梵行品〉又不同了，那個空是在有上建立空。空即是有，有即是空，佛法僧三寶，持戒，功德無量。在這個地方不能這樣講，這個地方是排遣，先把你的煩惱、業習給空掉。

大家知道這個故事吧！丹霞劈佛。有一位和尚他一天當中都在拜佛，對佛像執著得不得了，丹霞就去度他，把佛像劈了，用火燒了。那和尚氣死了！「我天天拜的，你怎麼給我燒了？」丹霞祖師說：「我沒有燒，我燒的是木頭。」「這是佛像！」「佛像？那我在這裡找舍利！」「木頭裡哪有舍利？」「沒有舍利，那你就別拜了，我再燒一個吧，沒有舍利，供它幹什麼？」

講這些道理，是讓大家了解，佛所說的一切法，目的是讓你成佛。你要是執著這個，就給你取消這個了，你又去執著那個，那個又給你取消了，就是要你達到無障無礙。說空說有，即空即有，非空非有，只有一個目的，讓你成佛。

有時候它是純理上說，我們現在這段經文是純理上，所有一切事相都遣除之後，你心裡乾乾淨淨的；之後，又跟你說有，你就不會執著，後面再跟你說功德，那你就不會貪戀功德。

剛才我說了兩個名詞，其中一個是「析空觀」。「析空觀」就是分析，讓你來想、來觀；不過這個觀，並不究竟，還要「體空觀」。有的根機很深，很有修行的功力，他當體即空，也不要修念佛、拜懺，都不立了。就說參禪吧！直指明心見性，坐在這裡就思惟了，想了，那就專門修空。心行處滅，心裡的思惟，一念都不立，言語道斷，不說了，言語道沒有了。所以學教的，是一點點的分析，讓你達到空體，證得你的本體；習禪定的，當體即空，當體即空就沒有這麼多的言說了。

從十信位以來，一品一品，一類一類的告訴你，讓你生起信心。能信自己的心，並不容易，大家一聽到，哎！我自己還不相信自己嗎？就是因爲你自己不相信自己，佛才這樣說。說了半天，你還是自己不相信自己，這句話大家信嗎？問你是不是佛？不論你問誰，沒一個人答覆說：「我是佛！」沒有一個道友是這樣答覆的，說我是什麼佛，因爲自己一天當中的煩惱多得很。

其實，你這個體是佛，並不是說你現在的這個用。你現在的這個煩惱，是你心上的用，是識用，並不是心。你學法相唯識，學〈三十唯識頌〉，就知道了。

你先把這個妄分析了，之後再去找眞，眞就在妄裡頭，知道嗎？把妄一分析，眞就顯現了。有的人智慧大，根機深厚，他一聞就悟得了，直接就找到了。超三賢越十地，三賢位十地位他都超越了，一下子就成佛，就像善財、龍女一樣。這是有的，但是很少很少。

在佛的經卷裡，不止善財龍女，還有好多開悟的。像禪宗開悟的，是不是佛？是。那是理上，理上能悟得了，事相上還不行，還得漸漸地除。你出家，受了戒，跟那出家幾十年的，平等平等。可是在這過程當中，有好多的事，你還不明白，爲什麼呢？理雖頓悟，事須漸除；理上你明白了，但在事上，你得一件一件學，不學你不會。

你拿〈淨行品〉的淨行，跟〈梵行品〉的梵行相互對照，〈淨行品〉也是清淨，可是要發願。吃飯要發願，行住坐臥都要發願。〈淨行品〉是在有上建立的；〈梵行品〉是什麼都不要了，在空上建立的。你把空達到就行了，懂了這個道理，你才知道「空寂無作意」，空寂了，沒有任何作意，「但有所作，即是虛妄」。「言語道斷，心行處滅」，心裡想的沒有了，過程都沒有了，就是斷了行爲，斷了思惟，什麼都斷了，等你斷乾淨了，再起作用。

大菩薩行菩薩道，必須先達到這種境界，有了這種境界了，才能進入初住。這時候再發心，才是眞正的菩提心，才能示現百界作佛。你要是不打掃乾淨了，還是有毒，毒還會發作的。你有這個肉體，身口意裡頭有毒素，你洗不乾淨的，必須得用梵行才能洗乾淨。

要是沒有辦法修梵行，沒有這個善根，你還是從〈淨行品〉來做吧！發願吧！先把你的行爲清淨了，淨行做之後，能做得殊勝了，就能進入梵行了。這樣清淨之後，再發菩提心，功德無量。

講到〈初發心功德品〉，你就可以看到《華嚴經》的品位安排，先讓你有，有又空；空之後又有，有了又空。後面那空可不是這樣的空了，那空不是建立在你的心地上，而是建立你的功德上。要是能這樣子來學習，還不說是成就，起碼你的功德能建立得很好，在功德裡頭沒有貪瞋癡了。

我們現在無論做什麼，裡頭都夾雜貪瞋癡的成分，這樣的成分不純淨，還不夠清淨。必須經過梵行這樣清淨了，以後再發心，那個功德就清淨了。你的基礎不一樣，必須逐漸清淨你的心。

講《華嚴經》之前，我之所以先講〈大乘起信論〉，就是爲了能夠行梵行，清淨行。如果這個器皿，藥罐子，裝過毒藥的，你要是不打整乾淨就去吃，會把有毒的成分也吃進去，那就麻煩了，你會中毒的。

佛所說的教義也如是的，先給你講佛的果德，之後就講那些大菩薩，文殊、普賢他們是怎麼修的？大家可能學過，要是忘了，就不能連貫，你之所以不能連貫，因爲你不是證得的，只是靠耳根聽一聽，你的心還沒有沾邊，還沒有轉變過來。

我們拜佛也好，禮懺、念經也好，一天當中上殿過堂的，裡頭夾著毒素。所謂毒素，就是還有貪瞋癡，你起心動念，不清淨的地方太多了。我不知道你們如何，反正我是這樣子。吃飯的時候，今天很合你的口味，不知不覺就多吃兩口；那不好吃的，勉強哪，差不多就算了，這裡面都有愛憎。有時候發脾氣，你不敢跟人家發，在心裡頭發吧，變過來，不敢向外頭發，自己跟自己過不去。

這個事你明明不曉得，根本不會，在很多人面前，怕失掉面子，勉強裝會；不會的卻裝會，不懂裝懂。因爲你在沒得到清淨的梵行之前，你的三業不會清淨的。雖然也接受法、接受佛、接受僧，也歸依三寶，但這裡頭有毒素；毒素就是不純，裡頭夾雜著愛染、愛見。爲什麼經過很多劫數都不能成道？成分不純，不是清淨行。

如果你能夠放下，這樣觀察，「於身無所取，於修無所著，於法無所住」，過去已經過去了，不再思念。沒有一個人不留戀過去的，因爲做個夢，他會想起很多事，也許會想好幾天；做個壞夢，也會恐懼好幾天。爲什麼？過去的不能消滅掉。過去就過去了，還是不能截斷；未來呢？沒有一個人不會想未來的，將來我會怎麼樣等等，這也包括我們修道者在內。

一下想住住茅篷，一下又想清淨清淨，人多了煩亂修不成。那你就去住茅篷去修吧！一個人去修又害怕，三兩個人又打閑岔，怎麼辦呢？就這樣反反覆覆，多生累劫都這樣。大家共住吧，嫌著約束，一個人靜住吧，又懈怠，又恐怖；一年又一年，一輩子又一輩子，無量劫就這麼過來了。這些如果你執著，於法樂住，喜歡的，就專持哪一法，不喜歡的就排遣。這些執著，每個修道者都有，還不用說到不修道者。

〈梵行品〉是專門爲出家人說的。爲什麼？去除你的執著，你執著的不得了，就不能夠隨緣，一隨緣就變了。達到隨緣不變，那你必須觀，觀身無所取，那身業就沒有了；觀修無所著是意業，意業也沒有了。對於一切法無所住，無所住就不執著，一切法都不執著。佛說一切法，就是要你不執著；可是我們學哪一法就執著在哪一法上，不能梵行。梵行並不是說什麼都不動，專門落於空寂，那成斷滅了，不是那樣的意思。

梵行清淨是指著什麼說的？是把你那個心洗乾淨。相信你這個心跟佛無二無別，那就非得用梵行，一切無著。當你面對持戒犯戒，修與不修，會有另一種看法。

以前有一位師父，他有兩個徒弟，其中一個大徒弟，已經深入修行了，可是外表沒有顯現出來，外相就是睡大覺。另外一個小徒弟非常精明，師父愛哪一個呢？這個聰明的徒弟，看不起他這個不聰明的師兄，「這個傢伙，出家幹什麼？一天懶惰得要死！」不過，他師父是知道的，他師父非常重視他的大徒弟。這個小徒弟自以爲很聰明，對他師父就很不滿。

有一次他的師父就試驗這個小徒弟，拿個夜壺，老年人夜間尿尿用品，那個夜壺是瓷的，他師父就讓他小徒弟洗。洗一遍，他師父說不乾淨，再洗，洗兩遍，還是不乾淨，再洗。洗了好多遍了，拿來總是不乾淨，他就沒辦法了，「師父，我洗不好了。」「你洗不好，找你師兄去洗。」

嘿，他就煩惱了，「我洗這麼多遍都洗不好，他一天睡大覺，他會洗得好？我看他怎麼洗？」他就拿那瓷的夜壺給他的師兄洗。他師兄在那膝蓋上一頂，把這瓷夜壺翻過來了，再去洗，一洗就乾淨了，翻過來還不乾淨嗎？這時候他才知道他的師兄是眞正有德行的，眞人不現相，現相就不是眞人了。

你從現相看，你看不出來哪個好哪個壞的，得從他的本質上看。你看這位師兄對什麼事都糊裡糊塗的，因爲他什麼都不執著。你看這個小徒弟很精靈的，就是因爲他太執著了，他才精靈。懂得這個道理嗎？你以爲他在睡大覺，其實是在觀心呢！不要在相上執著。看看自己的念頭，一天都起什麼念；念頭要是什麼都不執著，就是清淨的。你要是看什麼執著什麼，一句話也放不下。看著一點事，牽涉你的放不下，那還可以，因爲涉及你的自利。不干你的事，你也跟著攪亂，放不下，你說你不是糊裡糊塗，麻煩嗎？

這不只是說話，而是檢查你的行爲，身所作的，有時候都不是眞切的，心所想的才是眞切的。身口是被指揮者，它有個識，指揮它的是識，你把識降伏住了，雖然不行，還是得降伏這個心。識是被心所指揮的，心的層次太多了，共有四十二個。我們現在從十住、十行開始，乃至於到十迴向，十地，十一地；佛，不是那麼容易成就的。

你念〈梵行品〉，不用五分鐘就可以念完，之後，要是去做，從凡夫地證到成佛。我們講的都是佛的境界、大菩薩的境界，一發心就成正覺了，這樣的菩薩境界，能示現百界作佛；可是我們的心，還沒有完全梵行，唯佛與佛才能究盡，不要把這個問題看簡單了。

我們怎麼辦呢？我們從淨行達到梵行，先修持文殊菩薩所教授的一百四十一願，再達到法慧菩薩所說的，一切無所著，這個時候功德就大了。是什麼功德呢？發菩提心。發菩提心成佛，並不是那麼容易的，讀讀〈梵行品〉就知道了。

要是我們作任何事都不執著，那就像一個癡呆似的，像傻子似的，其實並不傻。中國有句話，大智若愚，智慧越大的，你看他像傻子一樣。他就是傻，小事不注意，大事不糊塗；越大的事，清楚得很，小事他根本不在意，要這樣去修行。

我們一天當中就執著穿衣、吃飯、人我關係，要是把心放在這個上頭，怎麼能修道呢？怎麼能清淨呢？貪瞋癡放下了，戒定慧才能生起；戒定慧能生起了，你才能夠一切無著。這並不是不持戒，而是他持戒達到這種程度了，不持而持，不再作意了，他不會犯戒的。

我們心裡天天嘀咕在不持銀錢戒上。遞個東西，你先擱到這兒，我再拿。不過，我們現在拿的是紙幣，並不是錢；「不執著金銀財寶！」這不是金銀財寶，而是人民幣。

你要隨緣消舊業，更莫造新殃。隨因緣把過去的業消了，就好了，就清淨了，別再犯新的錯誤。已經出了家了，心裡別再想男女感情，否則如何修道？如何能清淨？如何行梵行？連淨行都沒有呢！要放下！看破！說的是深的，行的要淺的。說一丈，不如行一尺；你做一尺，比那說的一丈還好得多。

昨天講到受戒的問題，我們所受的戒，受戒所對的境界，都是有相的。戒有大戒，有小戒，但是這個梵行者所觀察的，就是能觀的智慧。觀察大乘的境界相，大乘境界相是無相的相，我們所受的戒有相沒相？戒總說有兩種：一個攝律儀戒，一個饒益有情戒。戒大約有七種相，在家受的優婆塞優婆夷戒，那是五戒；沙彌沙彌尼，中間有一個式叉摩那女，加上比丘、比丘尼，這叫七眾戒。

菩薩戒是建立在這七眾之上的。你要是受菩薩戒，就要學梵行，先得把心清淨了，先淨了心，才能趣向菩薩戒。那麼修梵行者，講清淨梵行無相法；受戒的時候，戒是有相法呢？是無相法？戒體是無相法的，但在給你宣佈每個戒條的時候，這是有相的。這七種戒都是淨心的法門。如果心不淨，你這個戒持不好的，一著相了就持不好的。我們受五戒、十戒、二百五十戒，這是菩薩戒的前方便，沒有這個，你受菩薩戒是受不成的。

觀我們所受的戒，要跟〈淨行品〉、〈梵行品〉不相違背。如實的觀察，如體的觀察；這樣觀了之後，能得到戒體，成就梵行，這叫如實觀，這叫梵行的清淨之相。大乘菩薩是三聚淨戒，戒就是〈梵行品〉的相。修梵行者能夠如實觀察之後，成就你清淨梵行的相。在相上成就它的性，你這樣觀察，觀你的身體的四威儀，觀察一切的善法，五戒，十戒，二百五十戒，菩薩戒，這都叫攝善法，利益眾生，叫饒益有情。

利益眾生也是戒，不利益眾生，就犯戒了；不過，犯的是菩薩戒，不是比丘戒。犯了戒了，不但梵行不清淨；犯了戒了，戒行也不清淨了。在相上清淨了，你這身口意三業，就是三輪，三輪才能清淨。觀你的三輪清淨業，要能夠這樣的觀。觀呢？就是對身體不起執著了。

「如是觀已，於身無所取，於修無所著。」觀成就了，沒有身見了。為什麼？見身就是梵行，見身是梵，凡所有的行為都是清淨的，梵就是清淨的意思。就是對你所修的，不起執著；不起執著的涵義，是指你誦經典也好，讀誦大乘也好，禮拜也好，就是要修行，因為我們在修行上都放不下。修身的時候，有個身見，那口讀誦大乘經典呢？身有身見，口有口見。所修的法，法是無住的。

我們在修的時候，如果沒有證得梵行，不依梵行修的時候，該有法有所住，身有所取，修有所著，修的時候就執著，執著了你就進入不了，不會入道的。你不要憶念過去，過去沒有了。

有些修行人經常說，我過去拜了好多的佛，念了好多的經。過去已經沒有了，昨天的今天不再說了，明天的如何做，明天還沒來，這叫「過去已滅，未來未至，現在空寂。」三世都如是。「無作業者，無受報者，此世不移動，彼世不改變。」這叫什麼？身口意三業，三輪清淨觀。

我們以這個教授，檢查自己所修的，我們現在修觀，就是尋伺（思）。修觀的時候，有利益沒有利益呢？沒利益，我們修什麼？乃至於一切成正果，都是因為修而得到的。

例如，我們對這個戒條，每個戒相，持戒持的很清淨，你這兩個眼睛跟你這個意識，它就不清淨了。那個同學沒有持戒，他坐的不威儀了！好，你拿這個去照別人去了，不照自己了，那表示你對戒還有所著。什麼叫能持戒的？什麼叫不能持戒的？起了分別。自己有做對的，有做的不對的；做的不對的就是犯戒了。我們照佛所教導去做，做的對就是持戒了。如果修行時有執著，身有所取，這樣不叫梵行。身有所取，修有執著，對法有所住，三世不能滅，這樣不符合梵行的標準。

對於你自己的身口意，用如來的教誨、教導去做了，如來只是教誨我們這麼做，對身體不起執著，也不看他人的過。如果認爲別人所修行的事，沒有什麼了不起的；自己認爲自己是持清淨戒的，這叫執著，對修行的事，生起執著，不能清淨。

對於戒相，戒法只取戒意，對佛說的教導，我們只在法上不起執著。過去現在未來，過去做之後，已經過去了，已經沒有了；未來的還沒到，也不起執著了；現在的也不住，都不執著，這是一種觀。

另一種，沒有能持戒者，沒有所持的戒，沒有清淨的梵行。能持、所持，乃至於所持一個戒相，都不存在，這叫「三輪體空」。

布施的時候，能施的，受施的，所施的物，觀照的時候一切都沒有，這叫清淨梵行。沒有並不是不做，而是做的時候沒有，這才叫「三輪體空」。

學戒也如是，持戒也如是，哪有一個能持者，也沒有所持的戒律法；能持所持皆不存在，這也叫三輪。這樣離自、離他、離事物的一切過失，不起分別。要是心裡頭不自覺，不能離開分別，這叫妄念、妄想。在般若智上講，能觀的是智，智所對照的一切境界相，都不存在了。

境界相就是菩薩以般若智慧度眾生，沒有眾生可度，也沒有能度的智，也沒有所度的境，這叫般若的「三輪體空」。修定的人，離開眾生，離開高下的分別，離開境界，離開惑染，也叫「三輪體空」。

有時候以六度萬行，來觀察「三輪體空」，要這樣觀；空觀成就了，這叫梵行。

此中何法名爲梵行。梵行從何處來。誰之所有。體爲是誰。由誰而作。爲是有。爲是無。爲是色。爲非色。爲是受。爲非受。爲是想。爲非想。爲是行。爲非行。爲是識。爲非識。

這些諸法，不自生、不從他生，又非無生，這是分別說。在《心經》上，「觀自在菩薩，行深般若波羅蜜多時，照見五蘊皆空」，沒有這麼分別，當下即是。要是把它分解來說，就像我們剛才講，受戒、持戒的時候，你也要作如是觀。不住一切戒法，這是事，不住於前法，也不住於持戒的時候、不持戒的時候、受戒的時候、沒受戒的時候，一律都不持的，這是在理上的。

在理上是很容易明白的，在事上就糊塗了；等你做起來就更糊塗了，在事上都有罣礙。光說理，理是空寂的，空寂的一切都是清淨的。過去已經過去了，不存在了，未來的還沒到，現在的不住。要這樣來解釋三輪，如實的觀三輪。

那麼說這些法當中，什麼叫梵行？誰具足梵行了？誰之所有？什麼是梵行的體？體爲是誰？都是問號。由誰而作呢？那梵行就是清淨行，清淨行是有？是沒有？是色蘊？是非色？是受蘊？不是受蘊？是想蘊？不是想蘊？是行蘊？不是行蘊？是識蘊？不是識蘊？五蘊皆空，這是約體來證明了。

這就是一切無住的時候，說明什麼問題？不受五蘊所限制，這就是清淨相。清淨相是什麼相呢？無所得之相。受戒的時候，我們都講戒體，戒體跟我們本具的性體有沒有差別？離開前面這些問號，另外還有個戒體嗎？也就是說我們受戒的時候，有沒有個戒體？這是解釋。就戒體來說是無作的，不是受想行識的，戒不成立。就修行的人說，人不離開五蘊，即蘊是人嗎？非蘊是人嗎？蘊都是梵行，要是離開蘊，另外還有我修行的梵行嗎？了不可得。

這是說在這一切法上，清淨的梵行，它的清淨相是什麼？它的清淨相是無得。當你受戒的時候，明明是三師給你受戒，這都是從體上來講的，是無作；在事上是作了，這個作不起執著，就叫無作，作即無作。

如是觀察。梵行法不可得故。三世法皆空寂故。意無取著故。心無障礙故。所行無二故。方便自在故。

我們觀自己的人生，生即不生，生即無生，如是觀察梵行法不可得故。不要起執著，若是有個梵行法可得，若是行於梵行法，那就不叫梵行了。

現在過去未來三世法皆空寂，讓你意無取著，意無取著，心裡也就無障礙了。這才叫受無相法。

受無相法故。觀無相法故。知佛法平等故。

觀無相法，才能知道一切佛法平等平等，這叫具足一切佛法。

具一切佛法故。如是名為清淨梵行。

所謂具足佛法，這才叫清淨梵行，三世皆空。因為三世皆空故，於身無取，於修無著，言行無障礙，於一切法無所住，就像風在空中刮過去，風行於空，一切無障礙，作者受者不限。

雖在空中不礙有，雖在有中不礙空。即不迷於空，觀無相法不著於空，能忍於心，起作用在境上、事上，所以說諸法平等平等。

《大般若經》〈曼殊師利分〉上說，「我不見有一法，非佛法者，故無法不等。」這句話是什麼意思呢？我做任何事情，任何相，都是佛法，不見有一法，不是佛法。這個道理我們舉個例子，受戒了，是不是佛法？破戒了是不是佛法？大家思惟一下！

出家了又還俗了，是不是佛法？不見有一法非佛法者，故無法不等，也就是一切法平等平等。破戒、持戒，是一個的。當然有持就有破，有受就有犯，是非是平等的。所以在《華嚴經》說，一塵起大地收。這個微塵是從大地生起來的，全大地都是微塵；舉一法就該一切法，這才叫佛法的妙德圓融。

染即是淨，沒有淨，染法也沒有；沒有染，也絕不會說淨，染淨是相對的。但是要利益眾生的時候，以淨法、以梵行利益他人，你心裡沒有貪念；雖然幫助別人，可是沒有自他之相。世間人一旦幫助別人了，這回做一件好事，心裡頭歡喜得不得了，口裡誇耀，那個淨行也減了一半，基本上就沒有了。經上這麼說，沒有自他之相，這叫深觀。觀什麼呢？觀它是平等、平等，這一切利益眾生的方便善巧，才能生得起來。

「終日度眾生，不見眾生相。」這是般若的智慧。如果你度眾生，見眾生相，這個就叫執著，這不叫梵行。梵行是不可得，一切諸法皆空寂。空寂又不是沈寂，什麼事都不做了，空寂故才能起妙用，起妙用故才能利益一切眾生，那利益眾生，更普徧一些。

如果觀察的時候有可得的，利益眾生就不普徧了，那就不空寂，那就有取著。有取著了，心裡就有障礙；有障礙了，你就有恐怖；有恐怖就有畏懼，心裡就有罣礙了。心無罣礙故才無有恐怖，度一切眾生無所畏懼。

怎樣達到這種境界呢？得修如來的十種法，這是一切梵行的體，修梵行者體。緣這個體，得一心的清淨湛寂不動，這就是〈梵行品〉的用。不假思議，不假造作，心觀圓明，透徹的，通達的，無障礙的，所以應該修十種法。

復應修習十種法。何者爲十。所謂處非處智。過現未來業報智。諸禪解脫三昧智。諸根勝劣智。種種解智。種種界智。一切至處道智。天眼無礙智。宿命無礙智。永斷習氣智。於如來十力一一觀察。一一力中有無量義。悉應諮問。

這是佛的十力智，又叫十力，也叫十智。這十種法，處非處智，佛的智慧，能觀察所有無盡眾生。他所受的，或者十處，六道輪迴，或者清楚了了；這個眾生不應當在這個道上，爲什麼來到這個道？或者他行菩薩道，化現的；或者他代眾生受苦，示現的；在佛都能知道，知道他的過去現在，知道他的未來了，唯佛與佛乃能究盡。

不論你讀〈梵行品〉、〈淨行品〉，許多經論都會提到佛的十智，應該修這十種法，這十種法就它的體上來說，是梵行的體。

緣這個梵行的體，而生起十種力量，十種智慧。這十種智慧就是梵行，是體上所生起的方便妙用。雖然經過十億萬行吧，他心裡卻是一心，一心湛然不動本體，而且在本體上所起的妙用，不假思議，不假造作。

聞已應起大慈悲心。觀察眾生而不捨離。思惟諸法無有休息。行無上業不求果報。了知境界如幻如夢。如影如響亦如變化。

聞著如來的十力的智慧，以如來的十智，慈悲緣念眾生，這個緣念，如何緣念呢？聞到這一法，就生起了大慈悲心，觀察眾生而不捨離。

要學習如來的十力，就是修習十智，修習這十種法，能生起大慈悲心。慈悲心爲什麼加個「大」呢？大者表自體的心體，自體的心體跟佛的心體無二無別的；佛的大慈悲心，我也具足了。觀察一切眾生，就是自己的本體，因此才不捨離，救度眾生，就是自己的心念。

常時如是觀察如來的十力法，思惟如來的十力法，沒有休息的時間，不間斷。我們有修習好多法，就間斷了，修修就停了，就是休息了。離開心了，這些法就緣念不成了，「行無上業」，大慈悲心利益眾生，就是無上業。

業是業用，即不求果報，了知境界如夢幻泡影，有什麼果報呢？沒有，但是有自然的果報。要是你不起執著，幫助別人了做好事了，布施了有果報沒有？當然有，但是你不執著，不了知；這不是不明白，而是明白不起貪戀，不起執著，是這樣的意思。

「無有休息」，這是無上的業用。不求果報，果報有沒有呢？有了他不貪戀了；就像《金剛經》說，那些大菩薩利益眾生的事業，他不貪戀，不是沒有福報，他不貪戀；佛不貪求，菩薩不執著。我們也有，我們幫助別人了，幫助之後，就沒有了。

你不起執著，修行一定會感果。一起執著，效果就小了，不過還是有的，你不求果報，果報還是有的。你不去追求果報，了知一切境界相，了知一切事，沒有一樣眞實的；如幻如夢如影如響，變化無常的。

《金剛經》的最後一段經文也說，「一切有爲法，如夢幻泡影，如露亦如電，應作如是觀。」這是單指著有爲法。這是說你要觀，觀是什麼呢？就是思惟修，這就是〈梵行品〉的清淨觀，觀一切法如夢幻泡影。我們天天念，學佛者都知道，一切法如夢幻泡影，這是我們的口頭禪。是不是如夢幻泡影？當你煩惱來了，就不幻了，好像是眞實的，特別是病苦來了；病苦來了，說如幻，假的，你眞正觀成熟了，確實是假的，你還沒有成熟，就是眞的。爲什麼？因爲迷了！有那麼一副對聯，「迷時明明有六趣，覺後空空無大千」，你迷的時候，什麼都是實在的，悟的時候，如夢幻泡影。

《金剛經》在最後結尾的時候，佛教導我們這樣的來觀一切法，觀一切眾生。因爲一切法如夢幻泡影，起碼才平等。怎麼樣平等呢？看別人的父母，就是自己的父母；看別人的痛苦就是我的痛苦，這叫平等、平等。別人的痛苦解除了，我自己的痛苦也解除了；把他身看成自身，同一體故，就這個涵義。

現在我們有沒有求果報？如果有求的話，要放下，有求不自在。假使說我們念阿彌陀佛，念到心佛眾生一體的話，念一句阿彌陀佛，也度眾生了，也上求佛道了，也下化眾生了，但是沒有我，自己不擺進去，這也是「三輪體空」。

知道一切境界，知道境界而不執著。雖然也有父母，也有六親眷屬；

出家修道了，還有師父，還有徒弟，但是如夢幻泡影。因此才說有為法，如露亦如電，完全不執著的。思惟如果不能如是觀，不能觀如幻如夢，如影如響，那就叫有執著；有執著就不是梵行了，有執著就不清淨了。

這叫知法自性。知道一切諸法的本體，這樣你得到的效果是什麼呢？「心不貪戀，意不顛倒」，這是沒有一點貪戀心，心裡不隨著顛倒而顛倒，認識顛倒，你就不顛倒了，這叫梵行。

這是心上不顛倒，並不是行為上不顛倒。顛倒是什麼樣子？本來是幻化的當成實際的；本來是作夢，但是他要留戀，作好夢也要留戀好幾天，作惡夢更不要說了，作恐懼夢，他害怕時間更長了。但是作夢，不是真實的；雖然不是真實的，你卻當成真實的。當你睡覺作夢的時候，就可以知道。但是現在我們都沒有作夢，而且就是在夢裡頭，你這個夢能醒嗎？

作夢，早晨醒了，這夢沒有；但你這一輩子還是在作夢，你上一輩子還是在作夢！但當你能發了菩提心了，還不說成佛了，而是發了菩提心，漸漸就明白了，這都是在作夢。在你一切動作中，你就想到這都是作夢的，沒有眞實的。這個是說，梵行讓你去觀，觀就是思惟修，用你的智慧照見它，不要在這裡頭起執著。

你坐飛機，或者到火車站，人越多的時候，你就觀想；那些人，你看忙得不得了，不干你的事，知道嗎？要常時作如是想，這是因緣所生法，沒有眞實的。

我們一天忙得不得了，忙什麼？今天，如瑞法師打電話希望我到大寮去看看，她到大寮炒菜，我去看了。我是怎麼想的？你說我們忙什麼？那麼多人洗菜的、做菜的、炒菜的，這是在幹什麼？塡飽肚子。吃到肚子裡去又沒用處，它漸漸地消化消化又排泄出去。那明天早晨又再吃，中午又再吃，忙什麼？這是口，腹。嘴不吃不行，肚子要餓。肚子餓了，嘴就吃了，非把肚子塡飽不行，還要講求味道。爲了吃，還要做，做好了再吃，這是過程，一切都是假的。這本身是假的，吃到肚子裡還是假的，排泄出去了，它不是眞的，它不停留的。那人死了，死了就不吃了。所以人生的一一過程，你要觀，觀就是觀想，思惟修。

人生的一切活動，後面總加一個爲什麼？〈聊齋〉、〈閱微草堂筆記〉、〈天方夜譚〉，我想有人看過，有人沒看過。那看小說的人著迷了，之所以迷上了，因爲他認爲是有的。特別是蒲松齡作的〈聊齋〉，因爲蒲松齡，官沒當上，腦筋往哪用？就寫書了。

〈閱微草堂筆記〉就不是這樣，它是記錄現實的。皇帝把紀曉嵐貶到新疆，他聽見新疆人所說的故事，以及自己所看見的故事。這本書之所以叫〈閱微草堂筆記〉，因爲是在他的草房子裡編的。世間上許多微細的事，用我們佛教所說的四句話就解決了，「一切有爲法，如夢幻泡影，如露亦如電，應作如是觀」。

那些書說的好像都是神奇古怪的事，我們活著的事，哪樣又不是神奇古怪的？每個人說說他所見的、他心裡所想的都很怪。有的人想的非常怪，我們叫什麼呢？想入非非。想的很怪，做的也很怪，有很多人做事很怪的。這個很怪的意思是指什麼呢？這是說，他是人道的人，可是做的事不是人道的事，所以就怪了。一切有爲法都是如是的，這是說有爲法，了知一切境界，境界就是有爲法。

了知是什麼呢？了知是心，是無爲法；用無爲法了知有爲法，這是在文字上說的。用你心裡想的，想那個奇奇妙妙的怪事。看電視，看電影，那寫小說的人已經告訴你，沒有這個事，這是小說；但是看他編成戲劇，編成電影，有的人還是會流淚的，有的甚至還痛哭；甚至還想找出那兩個人，在這個世界上是找不到的，那是他腦子裡編出來的。不要向外頭看了，每個人自己都是一部很好的電影，自己想想吧！

《大方廣佛華嚴經》就是你的心。說了這麼多，十法界、六道、四聖，十法界就是你心的演變。直觀自己的心。說這些法都是直觀你的心，不過彎子有很多，要經過好多道手續，我們可能認爲這個道理很深，其實，淺的你也不知道。

今天我們在廚房炒白菜，大鍋裡的白菜很多，如果不是一個個菜籽種下去，它怎麼會變成一個大白菜？就一個小籽兒變的，要生長也要經過很長的時間，長之後，拿它去販賣，我們就買進來，又把它切了，給它一炒一煮，之後又吃到你肚皮裡頭去，它又化了，化了又沒有了，就這些事物，你去觀察吧！

我們的年齡不同，來的處所也不同，這麼好幾百人，眞的嗎？說眞的，眞的它不存在，一百年之後，誰都不存在了。爲什麼？過去歷史是這樣，我們前面一百年的那些人，都不存在了，你回憶一下。所以你把這個如夢如影如響如變化，好好體會、觀照。這話說的很多，耳朵不曉得都聽了多少遍了，你能體會到嗎？若眞能觀到、體會到，你什麼煩惱都沒有。

當你煩惱的時候，你觀一觀，想一想佛所教授的，不管好的，壞的，之後你來證實一下。經過你的思想去觀照，道就是這麼樣修的。你在這裡頭要是能找著眞的，你成就了。

《華嚴經》所講的一眞法界，我們把它認識到了，就成功了；成什麼功了？成道了。成道了，再回來看，當你出了家，你再回頭看你在家的事。四、五十歲的人，經歷就很多了；二、三十歲的經歷少。像我，活到九十歲，根據過去世間所說的話，「老而不死是爲賊。」知道賊吧？賊有兩種，有偷的有搶的，搶的就厲害些，偷的是小偷小摸。爲什麼這麼說呢？因爲經歷太多了，他知道的事情太多了，一看就知道了。我們是學智慧學的，不等你老了，沒智慧沒關係，你把佛菩薩的智慧借來看一看。

我們現在是沒有證得，沒證得就借佛菩薩的智慧來看人類。你這一班人十個人，你觀吧！一天當中都在變，不用打開電視，每個人自己都是一套電視，先靜下來看看自己的。從你當小孩，六歲記得了，上小學開始，一步一步都是自己做的事，你自己都會笑得不得了。你大了，再看小孩做的事，愚蠢極了，你會感覺到好笑。你再看這個整個的世界，再看整個的人生，這就叫「行無上業」。

觀照的功夫，觀到最後了，大夢方醒，到那個時候，你才知道一切法眞正是如夢。現在你還是不承認呢！現在我們誰會承認我們的現實生活，就是作夢？天天看佛經，這是佛說的，你自己並沒當成夢。如果你當成夢了，你證了果了，起碼你的見惑斷了，你見什麼都不會生起煩惱的，不會把自己也摻進去的。

當你看電視、看電影，很容易把自己擺進去了，你自己是在作夢，還把自己擺進去了！這只是演戲，也不能把它變成事實；可是每位道友現在能把一切事物，都變成「如夢如影、如幻如響」嗎？你還有煩惱嗎？這些世間事跟你有什麼關係？什麼關係都沒有，那只是你眞心上所生起的妄影。

妄影不是眞實的。你回頭看看歷史，看看滿清末年的時代，蔣介石的時代，看歷史、看小說，走遍全中國，看看每個地方的變化，人事時物全變了，連影子也沒有了，還有影子嗎？連影子都沒有了。我們現在講三皇五帝，乃至皇帝私遊，全是假的。看過二十四史的，看過綱鑑的，你看一看，是非曲直，什麼是直？什麼是彎曲的？沒有標準的。做人的道理，有標準嗎？怎麼樣做個人？那得看你生在什麼地方，生在什麼處所，生的時候是什麼時間；如果你不把這個定下來，要來論一個人，好與壞，是與非，沒辦法評論的。

因此讓你返觀自性，〈梵行品〉裡說我們怎樣能達到清淨無為？要生起大悲心大慈心，觀察眾生而不捨離。在娑婆世界觀嗎？在極樂世界觀嗎？佛告訴我們，你要厭離這個世界的生死苦，生到極樂世界。那有沒有捨離眾生？你怎麼來對待這些問題？你一天磕頭、拜懺、持戒，持戒目的是什麼？你得把你的標準先定了，再去學，學之後再去做。

遇著一件事物，每個人看法想法不一樣的。你平常一天都是如是生活，突然間一變化，你的想法就變了。這就是什麼呢？心被境轉，客觀的外境，把你的心轉變了，這就是凡夫。你看見任何事物，不隨外境轉；你的觀察力，看問題的看法，讓它被你轉，你不被它轉。我們現在就學這麼一個方法，學什麼方法呢？我們的心不隨現實的客觀環境而轉變，我們要轉變那客觀的現實；把它看成了如幻如夢如影如響，那就轉化它；轉化它了，就不被它轉。

那你可以得到什麼好處呢？任何時候你都是高高興興的，愉愉快快的，它被你轉了。你說這是假的，罵你，假的；打你幾下子，你說這個五蘊是和合的，不是我，你沒打我。痛了，打痛了，平常的拿拳頭打還可以，拿刀砍你一刀還得到醫院去治，它痛啊！你要是能把它看成是假的，眞的是觀想成熟了，它就不痛了。它本來就是假的，假的還痛嗎？爲什麼痛啊？當眞的。這就是觀，修行觀力的觀。

若諸菩薩。能與如是觀行相應。

你所觀的跟你所做的，兩者和合了，就是「相應」。知道印度瑜伽大法吧！印度瑜伽大法，是婆羅門教的。佛在世時也講「瑜伽」，「瑜伽」是什麼意思？就是「相應」，你的觀跟你心裡所想的，跟你所做的，兩個合而爲一，就是「相應」。相應什麼呢？一切法都如是！

於諸法中不生二解。

一切有爲法如夢幻泡影，沒有第二個解釋，就是假的，如夢幻泡影。作如是觀，這樣一觀，觀的心行合一了，境界現前了。

一切佛法疾得現前。

怎麼樣現前的呢？一發菩提心就成佛了。

初發心時即得阿耨多羅三藐三菩提。知一切法即心自性。成就慧身

不由他悟。

這個身不是五蘊色受想行識成的，那是什麼成的呢？智慧成的。無上正等正覺，阿耨多羅三藐三菩提，就是智慧身。一切法都是心生的，一切法即心的自相，心生則種種法生；要是不想了，心滅則種種法滅，什麼都沒有。在文字上、語言上說的非常簡單，可是做起來就難了，都是自心領悟，不由他悟。這文字是佛的教導？三寶的加持？那是幫助你自己去領悟。一切法從你心裡生的，一切還歸於心，說心生則種種法生，心滅則種種法滅。說在夢中，或者在迷的時候，明明有六趣；要是明白了，什麼都沒有了，覺後空空無大千。

這都要你深入去觀察，要是把別人說的話，一切的行爲，一切的交往，都當成如夢幻泡影，你還會有煩惱嗎？比如說，要是不吃東西，那就活不了了；可是有好多和尚入定的時候，他不吃不喝了，他也沒死。

這是心的力量，要經常這樣觀照想，快樂的時候要想到痛苦，痛苦的時候要想到快樂。爲什麼？你能解除自己的煩惱。在任何時候，心裡總是快快樂樂的，起碼第一個好處，減少疾病。人有沒有發高燒的時候？發高燒的時候，自己找找原因，爲什麼會發高燒？凡事，你的心別幫助你的身，要讓你的心跟身分離。怎麼樣分離？一天當中別在自己身上打主意，那就是分離。你不能完全說是不打了，我們沒辦法，還沒成道呢！打的少一點，重了你給它減輕一點，你別再幫它的忙；你幫它的忙，那不得了，你的道就修不成。

在平常生活當中，你要常時想，心裡要平平靜靜的，無欲。什麼求都不求了，心像水似的，沒有欲望，什麼都不求了。這個時候，你的心非常平靜，你說的話非常的靈。爲什麼？自己有智慧了。

無欲的時候，那個心像水一樣的流，我看見古人有這麼一句話，他不是佛教徒，可是悟得了，「無欲常教心似水」，沒有欲望就像水那麼流的，「發言自覺氣如霜」，這是說話，不是冷言冷語；霜就是很寒冷的意思，感覺非常有作用的意思。一切法就是你自己的心，心的自性。這個時候你有智慧了，慧心成就了，初發心時就能得到阿耨多羅三藐三菩提。

我們這裡是講清淨梵行，那還要不要功德呢？下一品講〈初發心功德品〉，就是怕你偏到空無這邊來！以為我要修清淨梵行了，什麼也沒有了，不用作功德事，那就麻煩了；菩薩道也不行了，落哪邊也都不行。你看佛所教授的方法非常微妙，不可思議，你要照著去做！能成佛，了生死，得解脫。解脫是什麼？你什麼都不執著了，無罣無礙。什麼是無罣無礙？你這個心不去想它，就這個意思。有的經文說的很深，但做起來很簡單，可是就是做不到，很簡單卻做不到。

放下吧！放下吧！放下就自在了，他就是放不下，每個人想想自己的心吧！你哪件事放不下。或者你要想回家，跟常住請假不准，你這一天很煩惱；回去了沒事了，再回來放下了。病，生老病死苦，病，就是放不下。腦殼痛，那找找原因吧！它爲什麼要痛？也沒有人打它，沒人傷它，頭爲什麼會痛啊？你想想痛的問題，想想它不痛了，起碼減輕了。有覺覺痛，覺痛那個覺啊！它不痛的，它感覺著痛，不是它痛。

有很多的問題，在文字上、在事實上很簡單，爲什麼做不到？如果那條路，你走的非常熟了，沒燈你也走去了，瞎子他摸也摸去了；要是這條路，你沒走過，睜著眼也找不到，就是這樣的意思。不要太鑽牛角尖了，認爲佛法很深！其實等你大致懂得了，可以把你一天當中的生活顚倒過來，因爲我們現在都在顚倒當中，你再把它顚倒過來，不就對了嗎！那樣就不顚倒了。

這個「成就慧身不由他悟」。「不由他悟」是說是佛所教導的，我們根據佛所說的去學，好像是從佛那裡悟得的，不是的。佛只能給你啓發、幫助你。悟！得你自己去悟。「成就慧身」，得自己成就，佛不能給你；佛也不能斷除你的業，也不能給你智慧，佛只是告訴你方法，你照這個方法就能得到了。

得到什麼了呢？得到智慧。智慧不是夢幻泡影，也不是如露如電，那個是眞實的。反正那個心裡之外的，都叫如夢如幻如泡如影。

〈梵行品〉的經文不長，〈梵行品〉講完之後，還是勸大家多讀〈淨行品〉，〈淨行品〉讀熟了，你才能入梵行。梵行就是清淨行，做什麼事都清淨的，就是你的行為、你的作用，都讓它清淨。怎麼才能清淨呢？就是你的心，放下吧！看破了放下了，心就清淨了。要好好觀，希望自己自在，不要找煩惱。

我們都會背《心經》，《心經》的頭一句話就是全部的〈梵行品〉，也就是觀自在菩薩，你要觀，看破了，放下了，自在了，也就是「照見五蘊皆空」。我們所講的清淨梵行是空的。照見五蘊皆空，從自心生起自己的智慧，自己的智慧照自己，別向外照。一照自己，就照見自己的胡思亂想，顛倒夢想，這就明白了，不貪戀了；不貪戀了放下了，放下自在，自在解脫了，那就一切皆空了。那個空是用深般若智慧，照見五蘊皆空了。

空之後，到了後面又不空了；如果你不能達到，就念《心經》的咒：「揭諦揭諦，波羅揭諦，波羅僧揭諦，菩提娑婆訶」，大家都會背，都會念，不曉得念的好多遍了，但是在這個裡頭還要加上觀想，《心經》上的第一個字，就是「觀」。

《大般若經》有六百卷，要想全部讀完，很難！光是空就說了二十種空。其實一個空就夠了，你不懂，就給你空空空，空來空去還是不空，空到最後不空，空了說什麼佛法？什麼不空？覺悟。覺悟了就不空了。這個空是建立在覺悟上的，覺悟了不空了，不起貪戀，就是他自己不貪戀了，他就空了。

我們現在這裡的比丘尼師父，二十多歲的很多，她空了，不貪戀，也不去交男朋友，以後也不用離婚，什麼都沒有了，多清淨啊！就這樣子，也就空了，她沒有不空了嗎？你要是參加進去，那就不空了，參加進去再想出來，好難啊！那就危險了，很不容易了。

這完全是心，不是物質。要是貪戀錢財，能辦置五欲，等到把錢掙的差不多了，沒辦法了，享受五欲吧！身體又不行了，身體又不能享受，還都是空的。他不理解，他去貪，貪吧！貪到最後什麼都沒有了。不論學哪一法，都是希望我們不要執著，放下吧！

怎麼能放得下呢？看破了，一切如夢幻泡影。好比當你作個夢，作夢發財了，一醒了，就沒有了；你想了好幾天，還是沒有，還是得放下。那是被迫放下，而這個是自覺的放下。

佛教授我們要行梵行，雖然得到一點的功德，得到一點的好處，也不要在那上面執著貪戀。像我們四眾弟子，出了家，清淨了，在這個上面就不要貪著，不要起執著；一起執著就又恢復原來的煩惱了，就是這個涵義。這是怕你落入空，下一品講〈初發心功德品〉，就說發心的功德有多大，勸大家發菩提心。

梵行品新講　竟

（二〇一九年春　修訂）

梵行品講述

一九九三・加拿大

梵行品講述

夢參老和尚講述
方廣編輯部彙編

現在開始講解《華嚴經》〈梵行品〉。

首先，我們要知道〈梵行品〉與〈淨行品〉有什麼差異呢？〈淨行品〉是表現事的，用事顯理；〈梵行品〉是表現理的，純理的。爲什麼我把〈淨行品〉、〈梵行品〉、〈普賢行願品〉三品連著講呢？講到〈普賢行願品〉，它是事即是理，理能成事。理能成事就是理徧於事，每一個事就是理，每一法無非法界。貪瞋癡、戒定慧，這都是名詞分別，惟有一個整體，非常的圓融，怎麼說都對的。但是你必須得經過前頭這個過程，才能達到。

像〈梵行品〉是第十六品，還得經過二十三品，才到〈入法界品〉。

這二十三品說的很深！特別是〈離世間品〉，說的非常深。爲什麼我們沒有問題呢？因爲沒有深入學習，想提問題，不知道怎麼提法。自己來聽經，以爲聽聽法師念的就可以了，你什麼也沒有入進去。

爲什麼〈淨行品〉，智首菩薩能問一百一十種，都是問題？文殊菩薩答他一百四十一，也都是針對問題！你們閱讀經文，智首菩薩所問的，文殊菩薩好像是沒答他所問的問題！其實就是答那些問題。怎麼能夠把他問的跟答的兩個結合起來？文殊一百四十一願都是答覆問題的。大家之所以問不出來，就是對這個沒有研究。以後，在你用功的時候，你就會體會到怎麼研究。

例如我們念佛，知道散亂心很多，知道散亂心多，要坐下來念時，昏沈又很厲害，像這樣怎麼對治它？又怎麼能入進去？能夠念到一心不亂，這也很不容易！不過一旦你掌握方法，就很容易，就漸漸能入了。

換言之，一旦理成事的時候，事就無礙了。因爲事能顯理，理就成立了；如果沒有事顯，理我們不能入。完全著於事也不能成佛，隨相執著！要達到理事無礙，達到事事無礙的境界才行。

〈梵行品〉深奧一些，我們儘量地多解說幾句，讓大家明了。

這一品的大意就是這個修行法門，現在是十住位的菩薩，位位通修。再往後說的，三賢位菩薩，十住、十行、十迴向，這三十位的菩薩，位位都要進修，這就是成佛的正因。但是這裡都是辯論，問答之中有辯論。

我們在前頭講十信位，那是出家在家通修的，誰都可以發心，遇境發心。但是〈梵行品〉多數著重出家人，因為梵行是指清淨戒行，所以正念天子向法慧菩薩請問菩薩依如來教，染衣出家，染衣出家就是出家作沙門。菩薩發心出家，怎麼樣才能得到梵行清淨？若根據〈十住品〉，十住位是一位一位的修行，十住位的菩薩是一位一位的進修，但到了〈梵行品〉，就不是一位一位的進修，它是位位通修的法門。

十住位是隨相差別，每一位進修的相不同，有差別的。現在就是把權教的方便善巧，會歸入眞實，完全是顯性的。我們前頭講〈淨行品〉，那是入住位之因，現在已經得到了自他兩利的梵行之果，這個特點就是初住就能成佛，而初住成佛得具足成佛的條件，因此〈梵行品〉是位位成佛，從初住到十住，位位都可以成佛。尤其是不由他悟的，完全自悟的，就是不假緣起而自悟性空，而從性起相。所以在〈十住品〉之後，有〈梵行品〉。這樣說可能大家覺得很深，實際的意思是說我們做一件事情的時候，前頭必須一步一步地去做，到了成熟的階段，你就可以前後通用了。

好比說我們在中學、大學讀書，跟你讀博士學位，老師所教的課程不同，要求不是那麼嚴格，跟讀初中差別很大，相信大家可以理解。

「梵行」本來是印度話，叫「勃嚂摩」，翻譯爲「淨」，如果在這裡也翻爲〈淨行品〉，就跟前頭那個〈淨行品〉混淆了，因爲那個是十信位，這裡是十住位。所以才改成〈梵行品〉，用「梵」字來簡別。

其實這個「梵」字是譯音，也是「淨」字的意思，是「即淨即行」，與前頭略有不同，所以稱爲梵行。在修淨因的時候，已經「起行」。以什麼境界爲「梵」？在〈淨行品〉我們是見境發心，如刷牙漱口、到洗手間，都是我們修行淨行的法門，念那一個偈頌，就是修行。

〈梵行品〉是對著性體來說的，所緣的境不是俗境，是眞境。有時候我們說的是眞諦，不是俗諦；這個境是顯眞理的，不是顯世間的道理，所以跟前頭略有不同。而且，說法雖不同，或者說涅槃，或者說法性理體，或者說寂滅。這些都是成因而不是果，就是修行者依此而取的因。

這一品跟前品的宗旨略有不同。悲跟智是一，悲智不二。所謂事和理雙修，前頭講事修，沒有說理修，這個得修觀，這叫「事理雙修」。這一品不像〈淨行品〉那樣，遇到一個境界，依照文殊菩薩所教授的，像「睡眠始寤，當願眾生，一切智覺，周顧十方。」依文發心轉境而已。

但是〈梵行品〉，你得「想」，你得「思惟修」，用三昧的觀察去修，到《華嚴經》第十六品位置不同，要求的也高了。所達到的目的呢？

迅速成就佛果位，能夠圓滿一切佛法所趣向。懂得這個品的名詞，大家可以根據這個道理，聽到文字的時候，多觀想一下。

本文是先問後答，問的人是正念天子。「正念」，正念即清淨念，直觀體性。這個正念跟八正道的正念有所不同，他所問的這個境界相呢？染相也好，淨相也好，都不存在的。不但染相要排除，淨相我們也不執著。染相、淨相不是我們應觀的境，要覺相而觀性。

「天」者是表清淨義、表自然義。梵行是依自然、依天而行。

「正念天子」是修梵行成就。這個梵行是怎麼修的呢？念！正念的念，念是指著有念說的，是就事說的。說念不存在，這個念是有相之法，有相之法是虛幻，虛幻是不入理，是指著事念，念應是「無念」。念跟無念，兩個是一個，本來念跟無念是兩個，是二不一，存之於行者的一心觀，所以是一不二。

以下說的是境，這個境是「隨相持戒」的梵行，問的是「隨相持戒」

的梵行，答的是「明相顯性」。我們眾生持戒受戒，是不能犯戒的。嚴守戒律，佛教導眾生持戒，就要遵循。持殺戒，就不能殺人，這是絕對的。這個不同！根本沒有殺，又何能起這個念呢？這樣的理解就是一切境一切相不執著，怎麼樣能夠達到「離相清淨」？以下我們隨文再詳細解釋。

因爲我們講教義的，一定要懸談一下，懸談的愈深，好像對這部經愈深入，理解愈深。我感覺有點反常，怎麼樣反常呢？這個懸談不能談，也不能多談，也不能不談。我們多談了，大家在那兒坐著茫然！因爲大家沒研究過《華嚴經》，把華嚴大意拿來懸談，以前沒有研究過，聽起來茫然。現在簡單說這麼幾句，懸談到此，我們接著念正文。

爾時正念天子白法慧菩薩言：「佛子！一切世界諸菩薩眾依如來教染衣出家，云何而得梵行清淨，從菩薩位逮於無上菩提之道？」

正念天子法慧菩薩說法；問者是正念天子，答者是法慧菩薩。法慧菩薩以善巧方便，善答諸法實義，故稱「法慧」。

正念天子向法慧菩薩請說，「佛子」是尊稱，尊稱法慧菩薩。「一切世界諸菩薩眾」，對境來說無盡的。世界是指「法界」。法界之內一切諸菩薩眾，依如來的教導，如來教導什麼呢？「戒」，這品完全講戒，「戒行清淨，染衣出家」。如來教導出家是眞佛子出家能得到無量利益。

出家之後，如何能夠持戒清淨？達到「清淨梵行」？爲什麼要持戒呢？戒能「防非止惡」，要想達到清淨梵行，只有持戒。他說怎麼樣才能夠使這個戒律持的不犯，再者，所有的智慧，如何與清淨行相契合，契合清淨，得到「梵行清淨」。

依照佛的教導，出家後就要受戒，受戒就要持戒，持戒如何能達到清淨，這不是一相，一相不清淨。一相者，依《華嚴經》講，權乘菩薩、小乘、二乘，見一切戒，戒從緣起，他就起心受持。起心持戒，使他別犯，那麼在《華嚴經》的時候，這叫迷倒，這叫顚倒，這叫沒智慧，這叫迷。

怎樣講的呢？離相，離開戒相，離戒相又即相，因爲有相皆爲境，相是空的，依著空體而持戒的，依著空體還有什麼戒相可言？還有什麼戒可說呢？但是即相而離相，離相而又即相。

怎麼樣才能夠持戒清淨？從菩薩位觀，菩薩是因，如何發心證得佛的無上菩提道，證得佛果？這是上一偈之問。

法慧菩薩言：「佛子！菩薩摩訶薩修梵行時，應以十法而爲所緣，作意觀察。所謂身、身業、語、語業、意、意業、佛、法、僧、戒，應如是觀。爲身是梵行耶？乃至戒是梵行耶？」

這一品一點客套話都沒有！說你問的好，你很了不起，你爲利益未來眾生，每部經都有這類話；但〈梵行品〉沒有，很直接了當的，你問什麼我就答你什麼。回答說要是菩薩摩訶薩修梵行的時候，凡是「染衣出家」的菩薩，在修梵行的時候，應以十法而爲所緣。十法表示圓滿數，《華嚴經》都講十，一者數之始，十者數之終，你再重覆一萬遍，重覆多少萬遍，還是一至十。這十是圓滿數，《華嚴經》每一分科，不論什麼意思都是十，一問十答。

十法是指以下說的十法，身、口、意三業、三業之用，加佛、法、僧、戒，這就是十法。這一卷〈梵行品〉就是依著這十法，緣這十法成佛道。緣就是所見的境，所對的境。菩薩修的時候依照什麼呢？依照這十個境、見境了空，直見性體。

「作意觀察」就是不落無記。觀察就是推求的意思，每一種境詳細地推求。所緣的境有以下十種，所謂身、身業、語、語業、意、意業、佛、法、僧、戒。業就是作用意。「口」的作用是什麼？說話。「身」的作用是什麼？觸受，接觸的意思。「意」是思惟。身、口、意、佛、法、僧、戒，怎麼觀呢？應如是觀。觀就是思惟，就是推求，用智慧來觀照，觀照我們說的梵行，受戒、出家後是否清淨梵行？乃至於身、口、意，三業的作用，再加佛、法、僧、戒，一一觀察。

「身是梵行耶？乃至戒是梵行耶？」這段是超越的，中間省略了。這僅僅是他問的，重覆一下，根據這個問，答覆他問染衣出家，怎樣得到梵行清淨；從菩薩位逮於無上菩提，那就要修。怎麼樣修，就觀！觀所緣境，就身、語、意，三業加三業的用，加佛、法、僧、戒共十法，觀察哪一個是清淨梵行。

從第一個說起，「身」是不是梵行？「身」的本身不是梵行，若身是梵行者，假使說受戒的身，是清淨行，我們就分析一下吧！那個梵行就不成清淨，就是惡。爲什麼？身不是「善，非善。」前六種是屬於染法的，後四種是屬於淨法的。不但染法不是清淨梵行，乃至佛法僧戒也不是梵行。凡是取相的都不清淨。無相的，片面的無相也不清淨。

若身是梵行者，當知梵行則爲非善、則爲非法、則爲渾濁、則爲臭

惡、則爲不淨、則爲可厭、則爲違逆、則爲雜染、則爲死屍、則爲蟲聚。

這個梵行不但非善也非法，爲什麼？因爲身是渾濁的，不是清淨法，是臭惡的，是不淨的，是可厭的，是違逆的，則爲雜染，則爲死屍，則爲蟲聚。

「身」哪一樣是清淨梵行？我們用身體來禮拜、誦經，它的業用，是染是淨呢？如果你作意，貪著、不淨了，所得的果報通染通淨。念佛、法、僧、戒的時候，持戒淨法，因心不淨故，而法不淨，這完全要從「心行」來說的。爲什麼？你以一個不淨的心來作淨業，淨跟染相合，淨法也就染污了，變成了渾濁。

因爲梵行是純善的，是體性的，這個體能順理，可以達到究竟圓滿，就是實相，眞如。因爲不善就不順理，不順理就不能達到圓滿，所以不是梵行。但也不壞彼法的自體，彼法就是我們所緣的境。譬如說身，若沒有這個身，欲達清淨，根本沒有清淨可言。觀想這個身是不淨的，是厭惡的。修不淨觀的時候，你就知道它是跟淨法不相合的，是違逆的，不順眞理的。所以說這個身不是梵行。

若身業是梵行者，梵行則是行住坐臥、左右顧視、屈伸俯仰。

身不是梵行，那身的業用呢？身的業用就是「行住坐臥，左右顧視，屈伸俯仰。」禮佛、拜懺，那就是伸！這叫四威儀。但是在戒裡頭，這是破戒的！這是告訴他，不要執著的意思。

這個身所表現的，「行住坐臥」四威儀。四威儀裡頭仔細來說，有三千威儀。「左右顧視」不是說眼睛，是說身體！你往那一邊看，一定要扭頭，身體一定要有動作。

這是總說的，身跟身業，都不清淨。這個身跟身業不清淨，爲什麼？

舉例說殺戒隨這個相而有戒條，不能殺眾生，那包括了殺因、殺緣、殺法、殺業，四緣具足，犯了戒這叫隨相戒。這是由我們所緣的相，犯戒一定要有對象，不是自體犯戒。妄語好像自己嘴巴說的，那你有對人說。我們自己自言自語，在屋裡打妄語，你得個啥呢？那麼妄語戒，他貪名聞、貪利養！是這樣連繫起來的！這叫隨相戒。離相，戒相不可得。殺業、殺相，沒有啊！「即相而離相」，持戒的時候不執著。

依如來所制的戒，染衣出家，我們前頭講〈淨行品〉，要乞食要正命要正命活身，不准五邪命。這些都屬於隨相的，但要不執著，相本來是無有實體性的相，沒有實體性的，虛幻不實，要觀相離相，離開相，知道戒是緣起的，那個緣是可以散滅的，即緣無緣。

觀察眾生，沒有眾生相。《金剛經》告訴我們，度眾生的時候，不著眾生相，菩薩必須得無我相、無人相、無眾生相、無壽者相，這樣的布施，這樣的持戒，才是眞正的持戒。持戒不著相。這戒怎麼持呢？持即無持！持戒就是無持戒。爲什麼那些大菩薩示現逆行，示現殺人，乃至於行偷盜，搶劫？他那是利益眾生，另一種緣。他也沒有一個能殺所殺，乃至於殺因、殺法、殺緣、殺業，這些都沒有，離一切相，所以他即緣而無緣。

我們觀察眾生的時候，要離相地觀察，觀察眾生的時候，眾生跟我是有緣，但了知一切境界，如夢如幻，那眾生就跟我無緣。我們經常說，佛教是「無緣大慈，同體大悲」。雖是無緣，也能大慈大悲度化眾生。那是怎麼無緣？是我現在講的這個無緣。佛菩薩觀察一切眾生，不見眾生相。眾生是如幻如夢，如泡如影。如是布施一切相都不執著，觀察一切諸法的境界相，如幻如夢，如影如響，所以這樣子就無緣！無緣大慈是這樣子建立的。對他慈悲了，而且拔他的苦、與他的樂，完全不著相。眾生做點好事的時候，都要表功，我利益了好多人，又利益了好多眾生，又救了好多什麼，要表功啊！以爲不表功，就顯不出我。因爲他做的事情是有心表揚自己，這叫著相。所以，《金剛經》也這樣說！這是說：若著相，功德不大。功德還是有，但是不大。

這個〈梵行品〉，講的是清淨做好事，要清淨心做。有人會問：「無心做有感應嗎？那樣子還有什麼果報呢？」沒有學佛法的人可能會這樣想，學了佛法的人，深入學大乘的，他不會這樣想。如果在家的，沒有學佛法的人，他不著相的去做善事，就會得到立竿見影的報應。大家信吧？

宋朝的時候，有兩個兄弟，叫宋祁、宋郊。他們到河南趕考的時候，家裡很窮、沒有錢。那時候進京趕考的窮秀才，就找寺廟掛單，在寺廟裡頭借住。他們兄弟兩個到廟裡住的時候，碰到一位相面的先生。那相面的先生把相面攤收了，到廟裡頭掛單，因爲沒有錢所以到廟裡頭，請師父慈悲讓他也住在這廟裡，就跟他們住在一道。

他看這兩個兄弟，很驚奇地問他倆名字，哥哥名叫宋祁，弟弟名叫宋郊。他跟哥哥說：「你們兩個的相貌很奇怪，一個是這一科絕對沒名，就是中不到。一個一定中狀元，我擔保。」這兩個兄弟，也就姑妄聽之，也沒怎麼在意。那個相面的，隔兩天就離開廟，到各處地方去擺攤相面。

隔了一段時間，他又回來了，回來之後，第一個就遇到宋祁。他就很詫異，說：「上回我給你看啊！你是榜上沒名的，現在你起這麼大變化，這一科一定中狀元。」宋祁一聽自己會中狀元，便說：「那你再給我弟弟看看吧！看他能中不能中，我若中了他就中不成了。因爲一科只一個狀元。」但是他又給宋郊一看啊！宋郊相沒變，一定中狀元的，他們兩個弟兄就說這相面的，胡說八道，開科以來，沒有一科中二個狀元的！

相面先生說：「我算的這個數，只能到這樣子，下文我不知道了。但是你怎麼轉變的！你是否在這廟裡做了什麼好事，這些天，而且做的，不是小好事情，很大很大的。」

宋祁想想之後說：「我從來沒做什麼事啊？我也沒出廟。講做事！有一天下雨，我看那水很大，把螞蟻洞都沖開了，我看這螞蟻洞都沖開了，這螞蟻在水上奔！很苦，就找些木條在那水面上一趴，這些螞蟻因這個而度脫了。」其實宋祁也沒有覺得這樣子做什麼好事，這有什麼功德呢？只是「一念惻隱之心」罷了！所以說惻隱之心人皆有之，就這麼一個善念。

這相面的跟宋祁說：「按佛家的道理，螞蟻跟人是平等的，你救了多少萬螞蟻，就等於救了好多萬生命，因爲這等功德，不能中的，而能中到狀元。」他說：「你說的我不信，爲什麼？一科沒兩個狀元，除非我弟弟不能中了，我弟弟還是中了狀元，而我也中狀元，這狀元怎麼得？」這相面的也沒法抬槓，他也不知道，這事實確實是這樣子。

但是宋祁做的這個善事無心，也沒有說「我要救這個螞蟻」，也沒想到救這個螞蟻要得好大的功德，完全無心的。中國有句老話：「有心爲善，隨善不賞；無心爲惡，隨惡不罰。」有心做好事，那這個好處事不大太，不犒賞你，無心做的惡，或小孩子做的惡，減輕處罰，甚至於不處罰。

事實如何呢？感到發榜的時候，宋郊中了狀元。宋祁還是榜上無名。那個相者在放榜這幾天沒走不到外邊相去了，專證實這個。看宋祁怎麼中的狀元，一看放榜了，他弟弟已經都遊街了，狀元已經得了，宋祁確實沒份。他又給他算一次，隨便怎麼算，宋祁應中狀元。這怪了，他自己也不知道了，狀元都發完了，還有狀元嗎？

這奇事就出現了，歷來考試中狀元的事跟皇太后毫沒關係！但今年特別，皇上的媽媽一定要看看卷了，心血來潮，她要看一看，皇上就尊他母親的懿旨，把考卷都送到他媽媽那兒去。他媽媽一拿，好多卷子，她就特別注意宋祁跟宋郊，她拿這兩個卷子看，看來看去，文章都差不多！就像一個人寫的是，為什麼這個中了，這個不中？而且榜上還沒名，名字又很奇—宋祁、宋郊，她就傳旨，調查這兩個人，是不是一家人？一調查啊！宋祁是哥哥，宋郊是弟弟，弟弟中了狀元，哥哥沒有。

她就叫了那考試大臣，她說：「你看看這兩個卷子有好大差別？」那考試大臣就說：「這是房官推薦的！因為這個卷子沒有呈上過來，我也就看不到。現在看到了，我也不能批他中狀元，因為已有了一個狀元。」老太后有點不服氣，她說：「好！宋祁這個狀元算我給的，叫恩賜狀元。」

我解釋這個故事，是證明我們做一件事情的時候，不要用種種的意念分別。《金剛經》說：如果不著相的布施，不著我相、人相、眾生相的布施，這個功德不可思議。如果著相，這個功德很有限。《地藏經》上也是這樣說：你若是著相的，三生福報，一生、兩生、三生這福報就盡了，而不著相呢？無量無邊。

持戒也是如此。有些人同修在戒相上執著，以後大家學戒的時候，就知道了。在印度就爭執的不得了，這個戒相的，殺戒說過，殺因、殺緣、殺法、殺業的時候，這個裡頭有開、遮、持、犯，還有開緣，每一個戒都有開緣，看看這個戒是不是屬於這個開緣，有開緣的不犯。例如酒，大家都知道不能喝酒，但是我們有病，需要酒作藥引子，可以用，那就是開緣。如果你不學了，就不能用。例如草繫比丘，那個賊，把比丘栓到草上！那賊說，他不敢犯戒，他不敢動，他不會去報案。爲什麼？因爲他一動這草就斷了，比丘不斷生草！我說若遇見我，這個戒，我一定犯，肯定犯，我不這樣做。這是一條。

還有大家都知道，過午不食，過午不准喝漿，茶水都不可以，如果遠行時，可以。比如我們現在，我們經常地一下紐約、一下台灣，一下加州、一下溫哥華，時間沒一定。現在這個時候，是我們台灣的夜間。在美國倒退三個鐘頭，我們中午十二點鐘的時候，十二點鐘吃飯，從什麼定啊！太陽還是那個太陽，看太陽來定，太陽也定不準。何況現在人為的還加一個小時，說是夏季的時間；冬季又減一個小時。說過了十二點我就不吃了，是不是不著相的時候，就犯戒呢？那就更不清淨了。

清淨是在心！這是不二的道理。我們就說個是一不二，這還不是華嚴義，而是實教大乘義是一不二。說是持犯不二、相性不二，那麼華嚴義呢？華嚴義就是淨行！因為性淨故，體淨了，實相理體淨了。性淨故行淨，你所修行的就清淨了，因為行淨了就智慧清淨，為什麼行能清淨呢？

因爲智慧清淨故，所以行能清淨，二者相輔相成。智慧清淨就代表他的心清淨了，心淨才功德淨，一切諸行皆成淨，乃至成佛。這個功歸於修行，歸於修行所得的。所以叫梵行、叫淨行。

這個跟十信位不同，十信位是隨事照修，這裡是悲智兼用，自他不二，教化他人都能成熟了，都能了達心的本自體性，悲和智不是兩個。前頭我們講悲智，以智導悲。悲智不二，事理雙修，這樣的來修觀，這樣的來持戒，這樣的來觀死屍。經文中也說，觀這個身爲不淨的，乃至於雜染、死屍、蟲聚。那麼作業也是不淨的，因爲身不淨故，所作的業都不淨。

那到底什麼是梵行呢？它是這樣形容的：那個梵行不是行住坐臥，也不是左右顧視，也不是屈伸俯仰，這是身的動作，身的作業。身體的本身是雜染的、是死屍的、是蟲聚的、是不淨的。那麼所作的業也就僅僅是行住坐臥、左右顧視、屈伸俯仰。這都不是清淨行。

如果我們分析的話，有三種分析，從自性來分析，從隨念分析，從計度來分析。這樣來分析這件事，那麼就屬於意業方面的事，不是身業方面。但是意業所做的，那麼身業跟身，它的主導是由意。一個一個分，把這個語業分析完了，再分析到意，從這個意分析完了再觀察身、語、意三業及三業的業用。這樣子分析之後，我們知道身跟身業不是梵行。

若語是梵行者，梵行則是音聲風息、脣舌喉吻、吐納抑縱、高低清濁。

這是語的表現，不是語的業用。語，就是發音聲！風息，因爲發聲的時候是由風息，沒風息發不出來，還得講脣舌齒牙喉七種。我們有的是用齒音，有的用喉音，有的用脣音，各各發音的部位不同。我們要學語言，學異國的語言，或者不同民族的語言，你想要學快的話，得注意發音的部位，從哪兒發出來的，你也用哪兒部位發音，很快就學會，這屬於語音學。這個只是發音的部位，不是它的作用。

以下就說語業的作用，這個語業我們知道不是梵行。因爲這些音聲風息，唇舌喉吻，吐納抑縱，高低清濁，這不是梵行。那麼它所發生的作用呢？假使說要說言語業是梵行，那麼梵行是什麼呢？

若語業是梵行者，梵行則是起居問訊、略說廣說、喻說直說、讚說毀說、安立說、隨俗說、顯了說。

這是語業所發生的作用。像我們問早安，「起居問訊」，問早就是問訊的意思，或者你近幾天怎麼樣啊？這些都是問訊。「略說廣說」，說些簡單的道理，講故事來顯這個無心，無心的殊勝。

假借善巧方便，用故事來顯道理。這叫「喻說」。「直說」呢？就是直指心性，直指性體來說。「讚說」，就是讚歎人家，稱讚人家。「毀說」，就是毀謗人家，說別人的缺點。說別人的優點就是讚歎說。「安立說」，就立一法，我們要立一個制度，立一個規章，這屬於安立的。「隨俗說」，隨著世間上所說。顯究竟義，「顯了說」。這就是清淨行嗎？這些本身不是清淨行。而我們說清淨，口裡說梵行，不是梵行！梵行得去做。那樣去做了，就叫梵行。那麼屬於語業的時候，這個不是梵行。他問這樣子是不是梵行？我們給他肯定的說，這不是梵行。

例如「身」，身是雜染的，是四大假合的，是死屍，說死後才是死屍，現在是具體的，沒死之前還不是死屍，沒死之前是蟲聚。人身上的蟲有八萬四千戶，每戶有八萬四千億，一戶裡頭有那麼多蟲子，身體有那麼多戶。作不淨觀的時候，〈教乘法數〉講的很多，我們不詳細講。若講一講，還會嘔吐呢！把那個身體作不淨觀，要修行修行啊！你飯都吃不下去了。因此這個語業、語、身業、身都不是梵行。

若意是梵行者，梵行則應是覺、是觀、是分別、是種種分別、是憶念、是種種憶念、是思惟、是種種思惟、是幻術、是眠夢。

這個是意，我們在「意」跟「意業」上，有時候分辨不清。大家注意一點，分辨一下子。你就觀想，觀想你的意跟意業兩個不同點。

假使意是梵行，這個意是指一時說的。那麼梵行就應該是覺，覺是尋求，這不是覺悟的覺，而是尋求。尋是尋心裡頭這個覺！

假使這個觀是分別，覺觀是分別，是自性分別，這個自性不是眞性！是種種分別，這種種分別就是隨念分別。隨著意業所思念的去分別，「是憶念」。

什麼是憶念的性？追憶是種種意念，不只種種意念，還兼惡作。惡作是還沒發妄現行，是意裡頭的惡業。

「是思惟」，思惟就是觀察的意思，思惟就是想。當你靜下心來，思惟一件事的時候，或者想一件事或者想種種的事，那就是「種種思惟」。有時候，我們讀經的時候，從這個經上的文字，突然間你想起來了，想到一邊去了，想到別處去了，一想想的很遠。左一個右一個，那就是「種種思惟」。

這些像什麼？像耍魔術似的，「是幻術」，意本身就是幻術，變化無常。「是眠夢」，這個幻術跟眠夢，都是障你觀想，觀勝業的，它給你作障礙。在〈大乘起信論〉中，稱爲起業相、業繫苦相，在起惑相內的境界相，是這種境界相。

若意業是梵行者，當知梵行則是思、想、寒、熱、飢、渴、苦、樂、憂、喜。

這個講的是意業的五種作業所形成的境界，在法相宗，稱爲「偏行五」，就是觸、作意、受、想、思。這個思有兩種意，第一種意，它的意思就屬於前面指的意的。前面的意，把它分成意根，後面的意作用把它分成意識。在意根，不起什麼作用的，它起的作用都要意識去起作用。意根就是第七識末那，就是前意識意根。

這意業呢？就是後意識的六識。六識，就是觸、作意、受、想、思，這是五意，五意識。這在法相宗解釋起來也很多。我對法相宗，不太怎麼去分析，大多注意法性上方面。分析半天得不到結果，還要作觀察！直接在性體上作觀察，這是不對的。大家要想深入，必須得知道淺的。〈八識規矩頌〉、〈二十唯識論〉、〈三十唯識論〉，應當要學學，對我們現前修行有好處的。

若佛是梵行者，爲色是佛耶？受是佛耶？想是佛耶？行是佛耶？識是佛耶？爲相是佛耶？好是佛耶？神通是佛耶？業行是佛耶？果報是佛耶？

前面六種，說不是梵行，我們容易接受，容易理解。後面四種—佛、法、僧、戒，說這不是梵行，不是淨行，我們就不容易接受了，要用智慧來分別。

說佛是不是梵行，把它分別開來了，佛是不是梵行？佛是整體，具體總說！把它分開來說，說什麼是佛？這是問號，佛是梵行，先把主題解釋清楚，什麼是佛？例如我們看這個像，這個像是不是佛？是啊！塑的佛像，我們都當佛供養！但是這屬於色法，色法是佛嗎？當然不是，那麼色法不是。受是佛嗎？受是領納爲義，也不是佛，佛是塵沙見思都斷了，根本無明也斷盡了。想，這是五蘊法！前一是色，後四是心，色心二法。說這色心二法是不是佛？他一個一個問，說色是不是佛？當然不是。說受是不是佛？受蘊是不是佛？受是領納爲義！想是不是佛？想是取相分別！行，行是作用！識，意識的識，或者八識的識。人是由色受想行識，五蘊聚合的。那麼佛也示現在人間。

總說起來，五蘊是不是佛？離開五蘊是不是佛？是即五蘊是佛？還是離五蘊是佛？這是總說。

〈中論〉〈觀如來品第二十二〉有一個偈子解釋這個，觀佛怎麼觀？

「非陰不離陰」，不是五蘊（陰）也不離開五蘊（陰）。但這兩個有矛盾的，有就是有，無就無，怎麼非蘊不離蘊，說是五蘊不可以，離開五蘊也不可以，這是二邊的。「此彼不相在」，此五蘊跟離蘊，不能共存的。如來根本沒有蘊，若是沒有蘊的話，如來是妙色身，他離了五蘊的，那麼「如來不有陰（蘊）。何處有如來」呢？什麼地方還有佛？「陰合有如來」，五蘊（陰）合起來有佛，那五蘊合起來，五蘊是沒自性的！以何爲體？五蘊是無有自性的，「陰合有如來，則無有自性」。

如來者，如如不動的，來是應化的，隨緣義。如者是體，來者是用。體用結合了，捨用歸體的時候，光顯佛體，佛體是寂滅的。說有當然不可以！那說非有，非有也不可以！這是中道義。如果邪見深的，成斷滅之見，說一切法都沒有了，什麼都沒有了，空了，那成了斷滅空，那不可以。

那麼邪見深厚的呢？他說沒有佛，根本沒有佛。說在一切諸法的性空，性空而生妙有，一一皆是如來。華嚴義是當你觀照的時候，一切法，舉一法界，就是總體。在法界之內隨一法，無非法界，隨任何一法，無非法界。就是說性體徧一切法的時候，你隨便捻哪一法，哪一法就是總體。

比如說我們人吧！隨便舉起一個手，這是他的手，不能說是別人的手，他一個手，就能知道他的全體，從這個手，你認識他的全體。這是一種認識的方法。我們要知道一切法，每一切法都不離法界，都不離開性體。那麼舉一法呢？就無非法界。《華嚴經》就是捨離塵事，事事是理，怎麼說都可以。那就是圓融無礙，那就是圓融義。若一個法一個法分別，一切都不是。若是從有入空的時候，一切法不立，單立體的時候，就是每一切事，捨歸塵，立理一體，梵行就是這個涵義。

現在我們說佛是不是梵行？說佛要是梵行，是清淨的，「爲色是佛耶？受是佛耶？行是佛耶？識是佛耶？爲相是佛耶？好是佛耶？神通是佛耶？業行是佛耶？果報是佛耶？」佛是清淨的，哪個是清淨的？佛是五蘊色法嗎？這個色身嗎？這個色相嗎？有相的是不是佛？或是無相？或者寂滅的？這五蘊，色受想行識，究竟哪一法能是梵行？佛要是梵行的話，圓融這十種境界圓前六境界，三業加三業的作用，後四聖法，這後面的佛、法、僧、戒是清淨的，清淨的如果執著就是不清淨的。因爲心淨故行淨，因爲心不淨故，一切法都不淨。

比如我們觀一切法，一切法都是染污的。如果以佛心看人家，一切都是佛；你是眾生心看，一切都不對了。讓你把這個心轉變過來，轉成清淨心的時候，一切法都是清淨的。當你的心沒轉變過來，一切法都是不清淨的，你怎麼說都不圓融，這屬於辯論的意思。

這樣說，大家也不見得能領悟，我們若說一個總體的話，說一個總體的東西，把它分開來說，有相的跟無相的，兩個是相對的。我們若成就有相的，那麼無相的都不成立了。我們這個清淨行，清淨行是對染污說的，如果一切染法沒有了，淨法也沒有了，我們以戒來說，當初佛制戒的時候，是因爲我們身用裡頭犯戒，犯一條，佛制一條，沒有犯的，佛用不著制！多事！本來就清淨！我們本來的眾生心跟佛心，等無差別。我們的自心、一切眾生心、佛心，等無差別，沒有差別。

有差別的是我們的分別，如果我們能證得等差別，就沒眾生相沒眾生，佛也不能安立了，佛法界是對著九法界說的，如果沒有九法界了，那佛法界也立不住！凡是相對法都不是清淨的。

絕對法！絕對法沒有言說！「言語道斷，心行處滅」，那是究竟清淨，因爲眾生不能理解，所以要說。說完了之後，說即無說。但有言說，都無實義。《金剛經》說：「一切有爲法，如夢幻泡影，如露亦如電，應作如是觀。」那什麼是無爲法？有爲都遣了，無爲法也沒有！無爲法又見到什麼呢？這個得多思索。

從文字上，從這個語言上，一時地還不能夠把它明白清楚。想要明白清楚，從淺處來入。從淺處來入就是我們經常的思惟，一個法都有它的總相，都有它的別相，都有它的同相，都有它的異相。因爲有異，就說同；

因爲有同相，就說異相，異相是分別這個同相的，本來佛就是一個相，就是佛相，它這樣一分別，什麼是佛？色法是佛嗎？受、想、行、識、心法是佛嗎？其實色法、心法都不是佛。佛離開色心！

因此，在意外觀佛。意外觀佛是什麼佛呢？就是我們自性佛，觀性體，最後解成的時候，這幾句話我們把它說到前頭來說，梵行法不可得！沒有！講了半天，講到最後，梵行法沒有。

什麼是梵行？了無所得。三世法皆空寂，過去、未來是寂靜無爲的，爲什麼要這樣說呢？意無取著，心無障礙。這個解釋都是解釋我們心的障礙，不要著相。心的障礙，凡是著相，凡有所著，便不是法界的實相，一眞法界的境界相是無相，因爲無相故能偏一切，成立一切相。《金剛經》上講：「佛說般若波羅蜜，即非般若波羅蜜，是名般若波羅蜜。」一法不立，一法不立後才能眞立。說有，是對照無，說無，一切無都遣！無也不立了。隨緣利益眾生故，「是名般若波羅蜜」，你還得依著這個名言，文句而攝入，這是善巧方便。

這是從體起的！從體起的，他自無自相，這些反覆多理解多思考一下，我們要從這文字理解，〈梵行品〉是純理性的，〈普賢行願品〉是事理無礙、事事無障礙，其所顯的是重重無盡，重重無盡是怎麼來的呢？因爲事歸理了。事事都是理，隨捻一法，無非法界。所以於一毛端見寶王刹，就是一個汗毛裡頭，就可以見到一個佛刹。因爲這個汗毛就是一法界，小能容大，一多無礙。因爲要說這樣，必須把這個先破除。

什麼是〈梵行品〉的眞實義？究竟清淨心無所礙，心無障礙了，能夠這樣的持戒，持無相戒。無相戒，沒有戒可得，不需要執著。不過，這可不是對我們說的！這是對十住菩薩說的，因爲他到了這種境界，才一切不執著。

有些說：「我不執著！我殺人即沒殺！」那糟糕了，人家馬上抓你去，你就坐監牢，還得還報。說我還報的時候也沒有還啊！報即無報，觀念沒成熟，成熟了才可。沒成熟了，這個自在，我們沒有呢？這個自在誰有呢？觀自在菩薩！

觀自在菩薩照見五蘊皆空的時候，行深般若，智慧清淨，智慧清淨所修行的一切行都清淨了，他所證得的果位也清淨了。爲什麼？他無所得。沒有！因爲我們一說到沒有，在我們凡夫當中，說沒有，沒有就空！空是斷滅的。眾生說沒有是斷滅的，經上所說的作即無作呢？那不是斷滅的！那佛所修的，無量大劫所說的功德，根本沒有！沒有？他有三十二種相，八十種好？三十二相，八十種好也沒得！

但是這個我們還通不過！我們要說我們這個身體是大蟲聚，我看我們誰都通不過。誰會承認我是大蟲聚？不是這樣想法！我們說的很深，我們不能得到受益，從很淺的諸處得到受益，就是觀身不淨。當你觀到身體確實不淨了，你說這個不是梵行，不是清淨的，那你洗完澡了，你外頭一勞動去，出了一身汗，馬上又不清淨了。你要想想究竟清淨，沒了身體就究竟清淨了？沒了身體你還怎麼起作用呢？沒有身體你作用起不了，你怎麼修行呢？那生死又怎麼了呢？

有個祖師，有人問他如何是西來大意？他畫個圓圈，什麼都沒有了，畫一圈就行了。但是一說出來爭論就多。好比例如我們講這個梵行，如果是不這麼分別它，說梵行是清淨行，什麼是清淨行？心無所住，心不顛倒，意不貪戀，說一切法無相、空、無願、無緣、無住，如此觀。一切法沒有二法，若觀成了，初發心即證得正覺了，阿耨多羅三藐三菩提，一切法皆是心的自性，這就清淨了。

怎麼樣達到心的自性呢？還得經過修行，這些就是顯心的自性，心的自性成就自身的慧命，自身的慧命成就了一切開悟，一切明了，乃至生到極樂世界，都是你自心生自心！一切的境相、外境都是自心分別，那麼必須得經過那個歷程，不然你達不到你自心的究竟境界，必須得經過那些個相。

有個道友，寫這麼兩句話：「願聞了義法，不做數寶人。」什麼叫數寶人呢？我們講了好多，經也好，頌也好，你要去做，才能眞正得到。這位道友不做數寶人，他照著行，令人讚歎，那麼他要修清淨行，清淨行就修觀。總的來說，就是心無障礙，了達實境，一切煩惱都沒有！我們經常說煩惱即菩提，藉煩惱證菩提。你斷的時候，就是轉的時候，煩惱即是菩提。有時候我們說生死即涅槃，涅槃是不生不死，生死是斷滅的，那你說是生死即涅槃，把這個斷滅的東西變成不斷滅的。生死是生滅，生生滅滅不已，你達到不生不滅，這個中間過程很難。

像大家在念佛，打念佛七的時候，不要打妄想，要把妄想打掉，要念到一心，你愈著急，妄想愈多。你若不注意它，不作意的隨行念佛，反倒很好。如果你希望今天這支香，我念佛要一個妄想不起，乃至於少起一點，結果今天這一課你做下來，妄想比往常還特別多。因爲你預先作那個意的時候，本身就是妄想。

這本經文是正念天子向法慧菩薩請法，說一切菩薩依著如來的教導染衣出家，就是受戒、出家、修行、行道。出家之後，怎麼樣才能修到梵行清淨？他問的意思是怎麼樣才算清淨行？怎麼樣才能使戒律清淨？怎麼樣戒律清淨了？怎麼樣能修道？修道了之後怎麼樣能得到無上菩提之道？直到成佛。

法慧菩薩答梵行清淨是怎麼樣個清淨？清淨到什麼境界？什麼樣算是清淨？這個答的完全是約理上答的！沒有約事上來答，不是講那個受戒的戒相，也不是講我們一般的修行。因爲到了十住位菩薩所斷的惑，跟我們現在不同，因爲我們是還沒有斷的，對於我們聽起來這個跟我們好像是距離很遠！他們已經把世間的煩惱障斷了，證得了智慧，證得諸佛智慧的光明門了，入佛智慧了。他們把心裡頭迷惑，迷惑他們的自己的那個性體，已經斷除了，所以他得到一切法的緣生觀，觀一切法是緣生的，他們已經證得了。

這些菩薩心境是光明的，他們已證得了菩薩無礙的法門。因爲在這個觀點上所說的法，就是給這些人說的。所以法會是當機的，是除世間的煩惱障，除了心境的迷惑，迷眞的障，除了心境不明的障，除了生死煩惱和不自在的障，他們現在都得到大自在，除了眞俗的身邊兩見！這個自在！我們是不自在，他都得了自在，這是給他們說的法，所以對我們來說很深。

我們是想斷斷煩惱！那麼能了了生死，就不得了。這些大菩薩生死都了！那麼給他們說的，就深！像我給大家說，我就不自在，有說法不自在的障。這些菩薩都得了說法自在！他沒有障礙，說即不說，所以他悲智雙運，都能夠清淨了。所以給他們說這個解脫門，在大家聽起來感覺到這個很深。

此段說佛、法、僧、戒。佛法僧是三寶，戒是佛所教誡的、制定的，一切戒相破除的意思是對十住位菩薩說的法，不是對我們這個機說的，所以我們感覺到當然是很深。例如觀佛的時候，他們不像我們觀佛的相！讀誦、持誦大乘經典去禮拜！執著功德無量！他們不求這個功德，他們已經超越這個境界相了，那觀念就不同。

每一種法應對的因緣不一樣，就像佛在說《法華經》的時候，開權顯實，那些阿羅漢，有的接受不了就退了不聽。佛說《華嚴經》的時候，都是爲大菩薩說，沒有二乘，在〈普賢行願品〉裡頭才有。是不是他沒在座呢？不是的，他們聽了也不懂，不知道佛說些什麼？不知道這些大菩薩演暢的是些個什麼，就是不理解。我們初次聽《華嚴經》，也是這樣子。我最初到了鼓山聽《華嚴經》，大概有七、八個月吧！我什麼也不知道。課堂講了兩個鐘頭，什麼也不懂，連文也不懂。

念這個「若佛是梵行者？爲色是佛耶？受是佛耶？想是佛耶？行是佛耶？」這是問號！誰問的呢？不是正念天子問的，是法慧菩薩自己問！他自己設的問答，他說假使佛是梵行，那究竟什麼是佛！色是佛嗎？乃至於果報是佛嗎？這些都不是佛？那什麼是佛呢？生一切法離一切法，是梵行清淨。寂滅是法？涅槃是法？不生是法？不起是法？都是出世間法。涅槃是究竟義不生不滅義。他說這個不是佛的涅槃，二乘的涅槃。這個一切教法，這些法，無自性的！法不可得！

佛、法、僧、戒在我們是認爲很清淨的！這怎麼是不淨行呢？我們這裡頭就有這個問題，含著這個問題。那麼在這問號當中，事實上不是正念天子問的，是法慧菩薩。他說是你問這個梵行，修行的梵行，能夠到成佛？你問的是哪個梵行？什麼叫梵行？梵行這個名字不可得。這是隨緣問而生起這個法。

說是佛，這樣子的依著這個，起心動念，去執著它，佛、法、僧、戒都不是梵行。怎麼樣才是梵行？反問的時候，達到無念，清淨無念。十住位菩薩所得的智慧，一切相不在相上求，不在名義、名詞上求，在究竟了義。究竟了義又是什麼呢？

以前講《金剛經》的時候，有人這樣問過：「法師！你講無我相，無人相，怎麼講法呢？無我相，無人相，誰在講啊？誰在聽啊？無我相就自己沒有！沒有我相，那誰在講？誰在聽？」跟這意思都是通的。大家想想，無我相，無人相，就是沒得我，沒得一切眾生，那是誰在講？誰在聽？

這類問題，我們如果是能夠多思惟，多參，心地上多用功夫，這跟那個善惡果報距離天淵之別！這早就超出那個境界，十萬八千里了。如果再出來做善事，做好事！那要這麼樣的破除，這個佛都不成立。這是引導我們入法界，如果沒有這個前導，那個法界重重無盡，沒法理解。

爲什麼於一毛端現寶王剎，坐微塵裡轉大法輪？一個微塵裡，大法輪怎麼轉？這裡講的事相是純理的。那麼又說，若是這樣的就認爲佛是清淨行，不是的。這是十法所緣，所對的境是正念天子問的，法慧菩薩答他。

法慧菩薩說，修梵行必需有對象，緣什麼而起的梵行呢？他就舉了十個境界，也就是身口意這三業以及三業的作用，對我們而言，我們對身、身業等，我們根本沒這樣分析過！把身跟身業兩個分開的，身不是身業，身業不是身。一個一個的設問答，表示這都不是清淨行。

那麼什麼才是清淨行？佛不是清淨行。爲什麼？佛不是梵行，如果佛是梵行，色是佛嗎？受是佛嗎？想是佛嗎？行是佛嗎？識是佛嗎？佛是五蘊所成的嗎？這化身是五蘊所成的嗎？

但是不知道色即是法界，受即是法界，想即是法界，行即是法界，識即是法界，舉一法無非是法界總體，這樣說，佛即是梵行。那個梵行跟我們這個上頭所講的不一樣。佛有沒有果報呢？有啊！三大阿僧祇劫修因！他所證的佛果，那就是果！怎麼說果報不是佛？

大家多參，你會開悟的！怎麼樣開悟呢？不是大徹大悟！你聽經能夠懂，能夠入的進去，就開個悟，也不得了了。如果不懂涵義，多念，念十遍，十遍不行，念二十遍，念一百遍之後，這個文義你就能明白一些。

我舉我的例子。我最初是不懂，但是慈舟老法師，要我磕頭拜！那麼求啊！兩年，我就懂了。我不但懂了，還去講了也去開示。最初不懂的時候，我也想打退堂鼓不想學！最後克服下來，學啦！學從另一個方式來入。不從語言文字入，而是從行爲修行，持誦禮拜，求佛菩薩加持，自己心裡明了，從這一方面入。

我還是隨著文跟大家銷一銷，這個義理還是把它顯顯。

我剛才說的，大家參一參！我還沒說我的下文，我的答覆呢？就是無我相，無人相，既然無人我了，誰在說？誰在講？誰在聽？無我相，無人相就是沒有說者、沒有聽者，你在講給誰聽！能講的是誰？大家參一參！那能聽的又是誰！

若法是梵行者，爲寂滅是法耶？涅槃是法耶？不生是法耶？不起是法耶？不可說是法耶？無分別是法耶？無所行是法耶？不合集是法耶？不隨順是法耶？無所得是法耶？

這法也如是，法呢？眞正的說法，法者就是軌範的意思。這個軌範，軌生物解，認識自性就叫法，就是佛所教導的這個法。世間法呢？法者就是形式，就是種種樣樣，種種的事物，隨便捻哪一個事物，哪一物就是一法。

若法是梵行，哪一法是梵行？如果寂滅法是梵行，其他的法是不是梵行？若其他的法都是梵行，這個說不通！爲什麼說不通呢？那麼梵行者清淨行，清淨行就是不合集而已！你若這樣雜亂的合集了就不是法，就不是清淨行。

他這個問裡頭就有問難，問本身就是難，給你出難題了，然後去解答它。那麼就說明了，法不是梵行。就這麼個涵義，他問的意思就是法不是梵行，佛不是梵行。僧是梵行吧？哪個僧是梵行？

若僧是梵行者，爲預流向是僧耶？預流果是僧耶？一來向是僧耶？一來果是僧耶？不還向是僧耶？不還果是僧耶？阿羅漢向是僧耶？阿羅漢果是僧耶？三明是僧耶？六通是僧耶？

僧有八個位置，這裡的僧指的是聖僧說的。初果向，就是初果聖人，將要證初果沒證初果的時候，叫初果向，初果叫預流果。預流呢？預聖人之流，預流果，斷惑成聖，按二乘教義來說，究竟而言，這個是僧嗎？僧是和合的。預流果算僧嗎？而且這個是就人說的，預流果到阿羅漢果有八個位置，這八個位置是按人說的。

講到三明六通，是按他所證得的德，阿羅漢是他證得的果，果上顯的德，三明六通，約德說的。要是單提出來，哪個是梵行？不成立的，僧是和合眾，要各個去分別，那各個不是僧。合集更不是，合集是雜亂的。合集就無自性的，凡是和合法都沒自體，離開法沒有人，離開人也無有法。這法是指著人說的，說這些僧不是梵行。

我們講講預流向跟預流果。預流果就是斷了見惑了，斷了見惑，將要斷沒斷盡的時候，這叫向，向果，惑斷盡了就叫預流果。一來向、一來果，一來向就是他修的時候，惑還沒有盡，還要到人間來。預流果就是到人間來七返，再不來了，直接成到阿羅漢。這個一來向呢？一來向就是三果的聖人，將入聖的時候，再來人間一返，一返生死。

阿羅漢？阿羅漢再不來人間了。他叫不還，住在五淨居天。阿羅漢就是無生。阿羅漢有三種意思，說是破煩惱賊，能夠斷一切煩惱！說不生，不落入三界再受生！第三是應供，應人天之供，受供養的，受人天供養。

如果是從他舉的四果阿羅漢，四果阿羅漢都不是梵行，這個梵行是指圓融清淨的，阿羅漢沒證得。那麼從他的道德上說，三明！三明就是宿命明、天眼明、漏盡明。六通？我們一般說神足、天眼、天耳、他心、宿命、漏盡，所以三明跟六通不是梵行。這麼一一推究，都不是梵行，因爲無自體故。僧是和合的，和合的就有八，按這個八類說就有八。再加二德，再加他所證得的三明六通，那麼究竟誰是梵行呢？僧也不是梵行。佛法僧都不是梵行。這是分析的，都不是現在這一品所說的清淨梵行。

若戒是梵行者，爲壇場是戒耶？問清淨是戒耶？教威儀是戒耶？三

說羯磨是戒耶？和尚是戒耶？阿闍黎是戒耶？剃髮是戒耶？著袈裟衣是戒耶？乞食是戒耶？正命是戒耶？

戒！戒是我們受比丘戒，此就是按受比丘戒說的。若戒是梵行者，「壇場」，就是受戒的壇城，壇城是不是戒？在你受戒的時候，教授師要問清淨，就把你叫到一個教授室裡頭，問你，你曾弒阿羅漢否？殺父殺母否？問遮難，有這個遮難的不能受戒，他就不給你受！六根全否？父母允許否？出家問遮難的時候，問你好多種，問題如果有一個不合，不能受戒。這些遮難你都沒有，那就叫清淨了。

現在我們受戒問清淨的，好多都不清淨！我是這麼認爲。比如我受戒的時候，問我年滿十八歲否？「滿！」怎麼滿的呢？和尚借個一歲！或者羯磨借個一歲！大家借幾歲，就湊足十八歲，就算滿十八歲，好多我們這些個小的戒兄弟，只有十五、六歲！甚至十三、四歲都去受戒，他怎麼滿十八歲?還有父母許可否?問的很多。

到了受比丘戒的時候,那就問清淨。問清淨才給你受戒,他說如果戒是梵行,那在什麼定義之下,戒是梵行呢?一入壇場受戒的時候,那是梵行嗎?算是清淨行嗎?或是教授師問你清淨的時候,是梵行嗎?或教你威儀的時候,就是你要一登比丘壇了,你要受了戒之後,你要具足比丘的威儀。教授你如何具足比丘的威儀,從吃飯穿衣服,乃至於上洗手間一切都要教,重頭教起。就像小孩奶娃逐漸長大了,要學一些知識似的那樣教。

還有三說羯磨的時候,「羯磨」翻爲「辦事」,辦什麼事呢?就是辦你受戒登壇受戒的事,成辦比丘的事,叫三說羯磨。三說羯磨是清淨嗎?或者是你那個得戒和尚是戒耶?是不是得戒和尚是戒呢?究竟這個戒在什麼時候定?就是戒體在什麼地方定?這戒體是無相的。

我們受了三皈,你得了三皈體,三皈體是無相的戒體!我們大家受三皈,誰也沒看見戒體是什麼樣,就你心裡頭,產生了一種妙心、妙德,相應了，那才是戒體！這些都不是戒體，體是虛的。「阿闍黎」就是親教師，親教師就是羯磨教授，都可以稱親教師，羯磨和尚。「剃髮」，就你剛一剃髮那個時候，是不是戒？剃髮不是戒，剃髮只是一種形式。

「著袈裟衣」是不是戒？規定你乞食，一定要挨家挨戶去乞討去，去乞食去，這個是清淨行？這個是戒嗎？先說是戒。

正命是戒嗎？如乞食啊！樹下坐！常乞食，糞掃衣，塚間坐，樹林子坐，食腐爛藥，這個我們都沒做到，我們有錢到藥鋪買了藥就吃！你要人家不要的藥，丟掉那個腐爛藥，那吃了又有什麼效果呢？

我最初學這條，心裡就想，我說佛這個規定，那個藥吃了也是不能治病！人家倒的，不要的，腐爛的，那我們拿來吃了，恐怕不治病，還增病。心裡有這個分別心！說戒要是梵行，究竟什麼是戒？我們自己產生問號，佛是不是梵行？什麼是佛？佛都定不下來！怎麼樣能來把佛定成梵行呢？什麼是法？法無定法，法本身就不定，你在哪兒來立個梵行呢？僧也是，僧有八類，從初果向一直到阿羅漢果，哪個是僧呢？僧是和合義，這個本身都不定，梵行又怎麼能定呢？所以戒也如是。

如是觀已，於身無所取，於修無所著，於法無所住，過去已滅，未來未至，現在空寂，無作業者，無受報者，此世不移動，彼世不改變。

「如是觀已」，你像這樣的觀察一下子，「於身」，我們這個身體的身不堅固，「身無所取」！身是蟲聚，身如死屍，現在沒死，死了就變成死屍。這樣的觀察了知身無所取，就不取著。身無所取，修無所著，什麼叫修梵行啊？若有修，有個能修的心，修梵行的心，有個所修的梵行，這個不叫梵行。有能有所，已經落了染污，就不是梵行。所以「於身無所取，於修無所著，於法無所住。」不執著哪一法，過去的已經過去了，滅了。未來的？未來的現在還沒來。現在的？現在的空寂，現在的不住，剎那變化。

「無作業者，無受報者。」誰去作業？作業就是善惡業，受報就是善惡的果報。誰去作？誰去受？既無作者，亦無受者，無作無受。

「此世不移動，彼世不改變。」現在的一切事物，是法住法位，世間相常住。每一相都是如是，常住的，各住各的本位，不移動的意思。「彼世不改變」，未來世也如是。比如我們這一世過去了，過去了再來，再一個分段生，還是如是。

此中何法名爲梵行？梵行從何處來？誰之所有？體爲是誰？由誰而作？爲是有，爲是無？爲是色，爲非色？爲是受，爲非受？爲是想，爲非想？爲是行，爲非行？爲是識，爲非識？

「此中何法名爲梵行？」什麼叫梵行？就是梵行這個名字都不能安立，我們說這麼多法，你分析究竟什麼是梵行，這清淨行從何處來的？

「誰之所有」，哪裡有清淨行？「體爲是誰」，什麼是清淨梵行的體？這梵行是誰做的？是有爲？是無爲？有爲是世間法，無爲是出世間法。

拿五蘊來說吧！是屬於色法？是屬於心法？是色耶？非色耶？爲是受耶？非受耶？是想耶？非想耶？是行耶？非行耶？爲是識，爲非識。五蘊法不可得，或者是把受想行識合起來就是心法，色心二法，了不可得。那梵行又從何處安立呢？又什麼叫梵行呢？根本就沒有梵行。

如是觀察，梵行法不可得故、三世法皆空寂故、意無取著故、心無障礙故、所行無二故、方便自在故、受無相法故、觀無相法故、知佛法平等故、具一切佛法故，如是名爲清淨梵行。

「如是觀察，梵行法不可得！」沒有。那麼梵行法也是名，因此我們知道佛是名，大家聽了可能詫異！佛法僧都是假名。不是色界，不是受想行識界，不是非色界，也不是非受想行識界，不是色法，心法也不是。這樣的觀察梵行法不可得。

你問的梵行，怎麼樣修梵行才能得到如來的果位，得到阿耨多羅三藐三菩提？要知道連阿耨多羅三藐三菩提，也是不可得。無有一法名為阿耨多羅三藐三菩提，在《金剛經》，佛不是這樣教誡須菩提的嗎？過去、未來、現在空寂故，「空寂」就是沒有住相的意思，這是在〈梵行品〉。講到三賢位，到〈十迴向品〉就不是這樣講，到登地的菩薩又不是這樣講，因為這一品〈梵行品〉所行的，僅就十住位，他講解的方式是這樣講解的。他一入到圓位究竟了，那又不是這樣講！三世法恆如是。一切法即乃一法，體即法界，那是圓融義，講〈普賢行願品〉可以這樣講。

因為這些都是你的思想，意識、取著的原因，假使沒取著，一切不執著，心無障礙，沒有一法心裡頭給你作障礙的，障礙你的心境的，那麼所行無二，唯是一心。拜懺、禮佛、念經都講一心！方便自在，方便隨緣善巧，有智慧。有智慧，一切方便，一切安立，都能夠自在。觀世音菩薩的三十二應，千百億化身都能夠自在，爲什麼？因爲他照見五蘊皆空，以深般若波羅蜜，照見五蘊皆空，色就是空，空也就是色，所以能方便自在。有智慧的方便就是解脫，沒有智慧的方便就是束縛。一方便就造業了，造業就受果報，受果報就把你束縛起來了。

「受無相法故，觀無相法故」；無相法，觀一切法，觀諸法之相。性有沒有相呢？就像大方廣的「大」這個本體有沒有相？它是自體相，那個相是相即無相，它的用，無邊的妙用。用即是體，體即是用。要達到那種境界，一切法又歸如！如是如是！沒達到那種境界，一切法還不能如，應這樣的來觀。

「知佛法平等故」，知佛法平等就具足一切佛法。什麼是佛法？覺悟的法，哪一樣不覺悟？到了〈普賢行願品〉，不捨一法，我們說貪瞋癡要清淨了，我們一定說是。有貪瞋癡啊！有煩惱障！有所知障！有這些都是不清淨的。眞到了證得圓融無礙的時候，就沒有煩惱了。煩惱不立，菩提也不立了，都不立了，這些都是假名，這樣子具足了一切佛法，這才叫清淨梵行。

修習十種法，在因位是菩薩所修的十法，在圓滿的果位即是佛的十力。

復應修習十種法，何者爲十？所謂處非處智，過現未來業報智，諸禪解脫三昧智，諸根勝劣智，種種解智，種種界智，一切至處道智，天眼無礙智，宿命無礙智，永斷習氣智。於如來十力一一觀察，一一力中有無量義，悉應諮問。聞已應起大慈悲心，觀察衆生而不捨離，思惟諸法無有休息，行無上業不求果報，了知境界如幻如夢，如影如響亦如變化。

這是佛的十力，我們把十力說明如下。十住位的菩薩，他觀察佛的十力，依此而修行。

第一種，知處非處智力。佛對於一切事物，包括世出世間法一切事物，有正面，有反面的。例如我們說戒定慧，戒定慧是三無漏學，是屬於正面說的，它的反面是貪瞋癡，貪瞋癡的體是什麼？戒定慧的體是什麼？佛的智慧都能夠了達。不但了達，而能夠產生一種力量，不可思議的力量，有智力。有智力能轉化，能夠因此而說法利益眾生。「處非處」，就是知道一切眾生，人、畜生道、餓鬼道，都包括在內了，就是一切眾生，他投生的是善處或是惡處？跟他過去的宿業是不是相吻合的？是不是不吻合的？這裡頭有錯綜複雜的業。像我們人，不要說一生；你的一年之內，甚至你一天之內，這裡頭有善有惡，有純善的，有的這個一天之內，純作善業沒有作惡業。若他的身，或者禮佛、拜懺、誦經，這一天沒離開，口裡誠敬念佛的聖號，心裡思念佛的聖容，乃至實現這經的義理，這一天都善業清淨的。那麼他應當得到善報，只約這一天說，約多天說呢？就不同！佛都能知道他在那一個時間修行的如何？那個時間做的錯誤的惡又如何？只有佛的力量能究竟圓滿，知道一切眾生所去的善惡之處，這就是處非處智力。

「是處」，就是跟他的業報相應的，他投生的對。「非處」，就是投錯胎。有的時候，或者被這個惡緣相牽引把他牽引錯了，本來他不應該受的。很多的大德，過去的古來大德，他生了之後，生到的環境非常惡劣，那就叫「非處」。他生到非處的時候，是利益眾生或者是他的因緣，佛都知道。只有佛的智慧能清清楚楚，那麼其他人的智慧都不圓滿，這是佛的十力之一。

第二種，知三世業報智力。每一個眾生，三世輪轉，過去、現在、未來輪轉，他在輪轉的時候，感業受報。爲什麼要受這個報？爲什麼業感？佛能夠善知三世業報的智力，這是就一切眾生說的。

第三種，知諸根勝劣智力。佛觀一切聞法的根機，一切眾生的根機。諸根勝劣智力，佛能了知一切眾生的根海、性海。是勝根？是劣根？他能不能修證得果位？能夠，是大果？是小果？佛有這種智力。根海就是我們從無量劫以來，所受的，所作的。像我們今生能共聞《華嚴經》的名字，能這樣學習，是什麼原因？我們自己不知道，現在的善知識也不會知道，只有佛才能知道究竟，能究竟知道。

第四種，知種種界智力。在一界之內，就有種種，說我們人界，都是人道。按十法界說，人道這一界，我們所受的不一樣，在某一個時間你生到某國度去了，某一個時間你生到天上去了，某一個時間你又在六道輪迴。這種種的界，「界」本來說是「界限」，又可以作「生起」講，界是生起義，種種的生起，你怎麼樣生起的，那麼佛有這種智力。什麼生起的呢？眾生的心，佛能知道眾生的心，而且能知道眾生的心的分際（齊），大心小心，心裡想什麼？思惟什麼？可惜我們遇不見佛，遇見佛了，就像這個鏡子似的，照的清清楚楚，你的一切思惟都在佛的智力之中，這叫種種力。「緣」是增上緣，外頭給你助成的。「因」是生起的，你心生起的，你自己作的，外邊必有助成這個緣，才能成就。知道這種種「因緣」，也知道你中間進入條件的變化。像我們的一生經過種種變化，像中國說的，「三窮三富過得老！」時而運氣好一點，日子過得很好，感覺也很順當，你心裡也很平衡；時而你心裡不平衡，自己會無緣無故的生煩惱，跟誰呢？說不出來，或者因爲有個病的增上緣，那你感覺病苦。萬一作生意作的不好，欠人家債，負債很多，這個緣就很不好。這是外緣，增加你內心的煩惱，這些佛都能清楚，清清楚楚的知道你這些的變化，佛有這種智力。

第五種，知種種解智力。解，說一切眾生在一切外邊、客觀的環境下，隨自己的善根力，或者惡根力，有很多不同的知解，這個解就是知解的。那麼佛能夠知道眾生，他爲什麼是這樣的知解；有的桀驁不馴，有的看問題總是看的跟人家不一樣，爲什麼大家看問題見解都一樣，爲什麼他不一樣？佛能知道爲什麼產生這些問題，佛有這種智力。這些是十住位菩薩所緣的境，他所要修行的，跟著緣佛的十力，多善思惟。像我們這個千百萬億分的一分也沒說出來佛的力量，在〈華嚴疏鈔〉裡，講佛的十力講的很多。

第六種，知徧趣行（一切至處道）智力。佛能遍知六道眾生有漏的行爲，所到處的，所至之處，及至證涅槃無漏的行爲，是怎麼產生的？這個過程是什麼？就是從你在六道輪轉的時候，直到聞法、修道、證道，這個中間的過程。所以佛對他的弟子，都能說無量劫以來他所作的一切行爲，有時候趣向地獄，有時候趣向善道，遍知他所趣向的。

第七種，知諸禪解脫三昧智力。佛能遍知一切禪定，佛在一切定中能自在無礙，每一個禪定所證得的解脫，無量百千億三昧，乃至於三昧的淺、深，解脫否？未解脫否？三昧有次第的，唯佛才能了知諸禪三昧。菩薩所了的深淺程度不同，唯佛才能究竟得到，了知一切的解脫三昧智力。

第八種，知宿命無礙智力。過去世的種種事，乃至於什麼時候能證得無漏涅槃，佛不是給很多菩薩授記成佛嗎？我們看《地藏經》第八品，主命鬼王，佛給他授記未來世，在淨住世界成佛。佛的宿命無礙智是徹底究竟，所以善知一切眾生過去世所做的種種事，乃至證得無漏涅槃智力，什麼時候可以證得？什麼時候能夠成就？他都知道。眾生任何的變化，任何修行的變化，思想境界的變化，佛都清清楚楚的了知，有這個智慧的力量。

第九種，知生死（天眼無礙）智力。佛能普知一切眾生的生死，及未來生善趣惡趣，乃至於你未來長的是美好？醜陋？有智慧？沒智慧？障礙多少？善惡的因緣？依此因緣所感的果，佛都清清楚楚知道。

第十種，知永斷諸習漏盡智力。斷了見惑，斷了思惑，斷了塵沙惑。斷了無明惑，漏雖盡了，但還有習氣，佛能知道一切的妄惑餘習，這個習氣什麼時候能斷除？只有佛有這種智力，能夠知道眾生什麼時候才能究竟成佛？

佛有這十種智力。觀察佛的十力來修行，依著這個十力的修行，不只我們所講的這一點點，我只引〈華嚴疏鈔〉一部份！在這一一力中有無量義，就是一力裡頭含著無量義。我們就說一切眾生的惑染，自己都不知道，我們自己不知道自己，佛能清清楚楚的了知。我們不知道我們過去是什麼習氣，我們今生喜歡做的，而且一學就會的，是我們過去生對這個法門修習過，比較熟悉，不然我們不會知。所以說觀察如來十力的時候，每一個智力裡頭都有無量的義，含攝的道理很多。

說菩薩「悉應諮問」，問的意思是要我們修，我們就去修。因此，起了大慈悲心，觀察眾生而不捨離，大慈悲心，不捨離一切眾生，要救渡一切眾生，故稱大慈大悲。

「思惟諸法，無有休息」，沒有懈怠的時候，思惟諸法就是觀察如何對眾生有利。應於何法眾生才能得救？那就給他說什麼法。

「行無上業，不求果報」，在《金剛經》說，菩薩利益眾生不著我相、人相、眾生相、壽者相，不著相故，眾生如幻故，如夢、如影、如響，就像我們變化似的；我們看電視，見那些用塑料做的人物，都是變化的，不是人！誰也知道不是人，但是動作還是照著人的動作。那變化者，它並不自主，是人在操縱它的，我們是誰來操縱呢？我們是我們過去的宿業，多生累劫來的業操縱的，有時候說個人業障，被這個業所障住作不了主。你被業所轉，作不了主，我們想修行，就是精進不起來。心裡說不要打妄想，這個佛七一個妄念不起，你作不了主，你想不算數，到時候妄念一定起，有什麼障礙，你不能知道。

這樣的觀察眾生才能不捨離！不然的話，你要管他有相，你會厭煩，大悲心會起不來。所以要思惟一切諸法，一切諸法不只是出世間法，包括世出世間法都把它轉成了是自己的心法，唯心所現。《華嚴經》有讚佛的偈子：「若人欲了知，三世一切佛，應觀法界性，一切唯心造。」十方諸佛是我們唯心造的，一切六道眾生是我們唯心造的，整個的世間，一草一木，隨捻一法都是我們唯心造的，不離心體故。

若諸菩薩能與如是觀行相應，於諸法中不生二解，一切佛法疾得現前。初發心時即得阿耨多羅三藐三菩提，知一切法即心自性，成就慧身不由他悟。

若能觀行相應，於一切諸法不生二解的話，觀一切法就觀一切法的性體，一心觀你的自性本體，一切法皆由心生的，皆由心的自體而生的。要是這樣子觀相應的時候，「一切佛法疾得現前」，一切諸佛的佛法，現在的十住菩薩已經相應，見到眞體了。

「初發心時即得阿耨多羅三藐三菩提」，我剛才說的那個，唯心所造，所以你一發菩提心就得到阿耨多羅三藐三菩提。阿耨多羅三藐三菩提十分，你得到一分，一分你已經全知了，你知道怎麼修，怎麼做了。就像我們學了很多的佛法，顯教、密教、乃至念佛法門、修觀、坐禪誦經，你知道這一切法是從自性發出來的，你應當依著這一法修。任何一法都可以回歸自己的性體，回歸自己的性體了，那就徧一切，一通一切通，就具足一切佛法，一即一切。

昨天講淨土菩薩，淨土菩薩一生到極樂世界，華開見佛了之後，他能夠到十萬億佛土去供佛，他一清早去，供完了佛回來，才吃早飯的時間，但他是不吃飯的，他是禪悅爲食，法喜充滿。

大家念《彌陀經》想過沒有？作過觀想沒有？十萬億佛土，你生到極樂世界，你是一個一個佛土去供養？還是你分身十萬億到一個佛土，每一個佛土一念之間你早上都去了呢？你生到極樂世界，已經跟十住位的菩薩相等，不然十萬億佛土，你在早晨一個時辰之中，怎麼去供養呢？你本身還在極樂世界沒動呢？十萬億佛上都去了。說是「不違安養，迴入娑婆」，不是指受生而是你的化身，你那時有這個力量，你的化身現前，哪兒有緣你就在哪兒示現，沒緣你就不示現了，這就是即心自性的道理。

你能夠知一切法，都是自己的心，不是現在的肉團心，不是你這個妄念，是眞知。你所成就的這個智慧的本體，不是由外邊來的，不由他悟。於一切法不生二解的時候，佛法就現前了。一發菩提心，初發心就得到阿耨多羅三藐三菩提。這是初發心，住的發心。不是我們現在發菩提心！

我們平常發的菩提心：一個出離心、一個大悲心、一個般若心，進進退退，今天發心了，明天又收回來，或者不實修。這個初發心，得阿耨多羅三藐三菩提是得不到的。

我剛才念了，念到「除心境，不明障。」十住菩薩，他所對治他這些煩惱障，所知障，一切無明這些習氣，他所對治的方法，他就在一行之中，就一門修行，他就能斷。如果我們說念佛，就你念佛這個法門，能夠生到極樂世界，能得到無盡，一個法門就具足無盡法門。因爲你能夠知道心性，證得心性了，心性是具足一切的，不爲一切所障。十住菩薩所斷的惑，所證的位，是這樣的情況，我把他們斷惑證位的情況跟大家簡略的說明一下，大家就知道了。

十住初發心住的菩薩，除世間諸煩惱障。他初發心的時候，能夠把世間的煩惱除掉，根本煩惱他都斷了一分，得到諸佛的智慧光明，他證得了什麼呢？證得了諸佛的智慧光明門，斷了一切的世間諸煩惱障，證得的諸佛智慧光明門。

第二住的菩薩，除心境迷眞障，作十二緣生觀，令無障故。迷眞是對眞性說的心跟境，心是內在的，境是外在的，內外的都是一如的，眞如的。那麼到了第二住的菩薩斷了迷眞障，得了十二緣的一切生法，證得這個觀門，入性。

第三住的菩薩，除心境不明障，得菩薩無礙解脫門。不明就是無明，無明到此地他斷了三分，所以對於菩薩利於眾生的一切行門無障礙，得到菩薩無障礙的解脫。這些菩薩一發心，當然是具足一切佛法。

第四住的菩薩，明對治世間法則及生死煩鬧不自在障。他能對於生死的煩惱、無明、不自在等種種障礙，徹底的消除，能夠自在，如何自在呢？出生入死，來這個世界無數次，現無量億身，因爲生死自在，自在就是解脫，他得了生死自在解脫門。

第五住的菩薩，對治眞俗身邊二見，令大智境界得自在，破不自在障。眞諦、俗諦，眞諦是對事說的，俗諦是對理說的。他到這個時候，理事無礙，能夠得自在。二諦融通，理事圓融的障礙就消失了。能夠自在，得到寂用無礙解脫門。寂就是眞，用就是俗。寂用無障礙，用即是寂，寂即是用，寂用一如！得到這種智慧，是得大智慧的境界解脫門，大智慧的境界，大智慧就是證得眞諦之後，能夠在一切的境界相，境界就是俗事，世俗的境界相，觀一切境都能夠解脫自在。

第六住的菩薩，對治智慧寂用不自在障。體和用不自在，體不能夠徧一切用，用不能契體，這個不自在，到這個住的菩薩，他把它破除了，就得到智慧寂用無礙。

第七住的菩薩，對治大慈大悲同行攝生不圓滿自在障。在這個位菩薩之前所行的大慈大悲，拔苦與樂，同時進行的，但做的不圓滿，要到了七住的菩薩，他能夠得到攝生圓滿解脫門，攝受眾生的時候，能夠圓滿無礙。

第八住的菩薩，對治處纏同事、世間餘習、智不清淨障。除去了出三界中的餘習，餘習是還有不清淨的成份。得到這種智慧，能把不清淨的障礙除掉。把世間的餘習，一切障礙清淨的，全部徹底清除了，他就得到世間餘習清淨。

第九住的菩薩，對治說法不自在障。沒到這個位以前，說法不能自在。這個不自在的意思呢？就是不能夠滿眾生的機的要求，滿足不了，滿足不到。例如說，我們同一個座講經，這一座來的道友們聽經，各有各的心裡想法要求，說法的人不能夠自在的給他們說，使他們都能夠得利益，到了九住菩薩就能成了，他能得自在，說法自在解脫。

第十住的菩薩，對治悲智不自在清淨障。這個是指清淨說的，證得了悲智自在的清淨解脫門！這個所斷的惑，是大悲心跟大智慧不能自在運用。有時智的力量強，或者悲的力量不夠；悲力量強，智的力量不夠，就是不自在的意思，不能應運自如。到了十住的菩薩，圓滿了，就自在、清淨了。雖然舉的僅僅是十住菩薩，到十迴向位圓滿了，到初地的時候，這十種更深入，雖然得了清淨還是有限的。因爲他所斷的跟他所證得的，還是不夠完全圓滿的。

現在〈梵行品〉講完了。〈梵行品〉很少人講，除非講整部《華嚴經》的時候。〈淨行品〉單講的多，〈梵行品〉單講的少，我這回想把〈淨行品〉、〈梵行品〉連續講，也是自己的心吧！這次我們連續講了，本來是從〈淨行品〉再講〈梵行品〉，可以入。但是我們很多的道友們都是初聽佛法的，初聽佛法的講這個未免太深了，再加上我這個說法者不善言辭，不能把這個深的用很淺顯的語言形容出來，用事表達出來，因此，簡略的跟大家說說。

從十信進入十住，成十住了，我們就到了等覺。明天開始講〈普賢行願品〉，到了等覺位的菩薩，圓滿普賢行。因爲我們還達不到重重無盡，「一一塵有塵數剎，一一剎有難思佛」，我們就文字上理解一下，讓大家可以觀想。要想證入是用不上的。染淨一如，定慧均等，眾生跟佛無二，我們是不可能。因爲我們誦〈普賢行願品〉的很多，知道它的大義了，再解說一遍，等於又學習一遍，理解可能更好一點。

大方廣佛華嚴經梵行品講述　竟

（二〇一九年春　修訂）

國家圖書館出版品預行編目資料

華嚴經梵行品新講 / 夢參老和尚講述 ; 方廣編輯部彙編.
-- 初版. -- 臺北市 : 方廣文化, 2019.03
面 ; 公分
ISBN 978-986-7078-91-9(精裝)
1. 華嚴部
221.　　2108001369

華嚴經梵行品新講《增訂版》

◎地址變更：
二〇二四年已搬遷 通訊地址改
台北青田郵局第一二〇號信箱
（方廣文化）

主講：上夢下參老和尚
彙編：方廣編輯部
出版：方廣文化事業有限公司
住址：台北市大安區和平東路一段
電話：(〇二)二三九二—〇〇〇三
傳真：(〇二)二三九一—九六〇三
劃撥帳號：一七六二三四六三
戶名：方廣文化事業有限公司
封面設計：大觀創意團隊
印製：鎏坊設計工作室
裝訂：精益裝訂有限公司
經銷：飛鴻國際行銷有限公司
電話：(〇二)八二一八—六六八八
傳真：(〇二)八二一八—六四五八
出版日期：公元二〇一九年三月 初版一刷
定價：新台幣二二〇元（軟精裝）
行政院新聞局出版登記證：局版臺業字第六〇九〇號
網址：www.fangoan.com.tw
電子信箱：fangoan@ms37.hinet.net

No.H324

方廣文化出版品目錄〈一〉

夢參老和尚系列

書籍類

● 華 嚴

H203 淨行品講述
H324 華嚴經梵行品新講【增訂版】
H205 華嚴經普賢行願品講述
H206 華嚴經疏論導讀
H255 普賢行願品大意
H208 淺說華嚴大意
HP01 大乘起信論淺述
H209 世主妙嚴品(三冊)【八十華嚴講述 ①②③ 】
H210 如來現相品．普賢三昧品【八十華嚴講述④】
H211 世界成就品．華藏世界品．毘盧遮那品【八十華嚴講述⑤】
H212 如來名號品．四聖諦品．光明覺品【八十華嚴講述⑥】
H213 菩薩問明品【八十華嚴講述⑦】
H214 淨行品【八十華嚴講述⑧】
H215 賢首品【八十華嚴講述⑨】

● 地藏三經

地藏經

D506 地藏菩薩本願經講述（全套三冊）
D516 淺說地藏經大意

占察經

D509 占察善惡業報經講記(附HIPS材質占察輪及修行手冊)
D512 占察善惡業報經新講《增訂版》

大乘大集地藏十輪經 D507（全套六冊）

D507-1 地藏菩薩的止觀法門（序品 第一冊）
D507-2 地藏菩薩的觀呼吸法門（十輪品 第二冊）
D507-3 地藏菩薩的戒律法門（無依行品 第三冊）
D507-4 地藏菩薩的解脫法門（有依行品 第四冊）
D507-5 地藏菩薩的懺悔法門（懺悔品 善業道品 第五冊）
D507-6 地藏菩薩的念佛法門（福田相品 獲益囑累品 第六冊）

方廣文化出版品目錄〈二〉

夢參老和尚系列

書籍類

● 楞嚴

LY01 淺說五十種禪定陰魔—《楞嚴經》五十陰魔章
L345 楞嚴經淺釋 (全套三冊)

● 天台

T305 妙法蓮華經導讀

● 般若

B411 般若波羅蜜多心經講述《合輯本》
B406 金剛經
B409 淺說金剛經大意

● 開示錄

S902 修行 ①
Q905 向佛陀學習【增訂版】②
Q906 禪・簡單啟示【增訂版】③
Q907 正念 ④
Q908 觀照 ⑤

DVD

D-501 大乘大集地藏十輪經 (上下集共73講次37片)
D-101 大方廣佛華嚴經《八十華嚴講述》
(繁體中文字幕 全套482講次 DVD 光碟452片)

CD

P-05 金剛般若波羅蜜經 (16片精緻套裝)

錄音帶

P-02 地藏菩薩本願經 (19卷)